Les Preludes De L'Harmonie Universelle Ou Questions Curieuses Utiles Aux

Marin Mersenne

PRELVDES DE L'HARMONIE.

QVESTION PREMIERE.

Quelle doit estre la constitution du Ciel, ou l'horoscope d'vn parfait Musicien.

PLVSIEVRS estiment que l'on peut predire ce qui doit arriuer aux hommes par la connoissance des Astres: parce qu'ils disent que les differentes constitutions de nos corps, & de nos temperamens dependent des planettes, & des estoiles qui se rencontrent à nos naissances. Or ie veux icy examiner ce que l'on peut dire de la naissance d'vn parfaict Musicien, qui soit capable de plaire par ses harmonies à toutes sortes de personnes selon les plus excellentes regles de l'Astrologie. C'est pourquoy ie mets icy la Natiuité que les plus sçauans Astrologues de ce siecle ont iugée capable de nous donner vn parfait Musicien. Et puis i'examineray les fondemens, & les regles de l'Astrologie.

Natiuité du parfaict Musicien.

De la vie, du temperament, & de la proportion du corps du plus excellent Musicien qui puisse estre.

IL faut premieremēt remarquer dans cette figure, que les malefiques ne sont ny trop puissans, ny trop éleuez sur les luminaires, ou sur les autres planettes, & qu'ils ne se trouuent point dans les angles. Secondement, que les significateurs de la vie sont exempts de leurs mauuais rayons: En troisiesme lieu, que l'ascendant rend le Musicien fortuné, car il est ioint à la Lune, qui est heureuse en la premiere maison, & qui reçoit le Soleil d'vn quadrat ioint à ♃ ☿, & ♀ au sextil de ♂, & au trin de ♄, qui tous donnent vne vie forte, & vn temperament chaud, & humide, qui est le meilleur, & le plus viuifiant de tous, dont dépend le teint excellent du visage, & des autres parties du corps mélées de blanc, & de rouge: A quoy ils adioustent qu'il ne faut pas craindre que sa vie suruiue à sa gloire; & qu'elle sera suiuie d'vn honneur eternel, dautant qu'il appliquera sa Musique à l'hõneur de la Religion Catholique, qui seule nous acquiert vn hõneur immortel, & vne gloire immense dans le Ciel.

Et si quelqu'vn obiecte que le Soleil vient au quadrat de ♂, que la Lune luy est opposee vers la sixiesme année de son âge: Que le Soleil remõte par l'opposé de ♄, & que l'ascendant est blessé par l'oposition de ♂. Il est facile de rẽpõdre à ces incõueniẽs, qui ne sont que cheutes, & ruptures de membres, car ils sont empeschez & surmontez par la rencontre de ♃, & par le trin, & le sextil de ♀ & de ☿: c'est pourquoy il faut attendre que le Soleil, ou l'ascendant viẽnent à leur propre quadrat, qui promettent plus de cẽt ans à ce Musicien.

De plus ♃, ☾, & ☉ le fortifient d'vne rare prudence, pieté, & iustice pour resister à tous ces mouuemens, & ne peut y auoir aucune constellation si heureuse, dans laquelle il ne se puisse rencontrer quelque inconueniẽt, Dieu ayant voulu balãcer toutes choses pour nostre biẽ, pour la beauté de l'vniuers, & pour sa plus grande gloire.

De la profession, des mœurs, de l'esprit, & de l'excellence du mesme Musicien.

DEs l'entrée de cette natiuité on voit que ☿ & ♀ Orientaux estant ioints ensemble luy promettent vne grande inclination à la Musique, & à tout ce qu'elle requiert : ses inclinatiõs sont particulierement signifiées par la conionction de ♃, de la ☾ & de l'épy de la ♍ par leur aspect auec le Soleil, & par la conionction de ☿, & de ♀, qui sont au trin partil de ♄, & au sextil de ♂, qui tous le rendront courtois, gay, affable, & d'vn visage serein, & ouuert à tout le monde, & particulierement grand amateur de la verité, & de la Religion Catholique ; car ♃ auec l'épi de la ♍ donnent vne particuliere inclination à la pieté, & la mesme étoile le rend apte à coniecturer, & à preuoir : Car cette aptitude vient de ♀, & des estoiles de sa nature : Il sera aussi fort éloquent & disert, & aura vne merueilleuse facilité pour inuenter, à cause du sextil de ♂ à ☿, & à ♀ venant d'vn signe mobile : car les signes mobiles donnent l'inuention, qui naist de la promptitude de l'esprit.

Il aura vne grãde facilité à comprendre les sciences, dautãt que ☿ & ♀ sont ioints partilement sur le point du milieu du Ciel, & sont auec les estoiles des pieds des Gemeaux, qui donnent de nouuelles inuentions pour tout ce que l'on entreprend, comme l'on voit aux natiuitez d'Alciat, de Petrarque, & des autres.

En fin, sa memoire sera grandement heureuse, & asseurée, à cause du trin partil de ♄, qui est en vn signe fixe, en ses dignitez, & auec l'étoile lumineuse d'Aquarius. L'étoile vendangeuse, & le bouuier en l'ascendant, dont la premiere est de la nature de ♄, de ☿, & de ♀, augmenteront beaucoup son esprit, & sa memoire: Et le ☉ auec Hercule le rendront studieux, parce qu'il est au quadrat receu de la ☾, laquelle estant maistresse de la neufiesme, & en la premiere maison, & ♂ estant seigneur de la troisiesme en vn signe mobile, en aspect partil du seigneur de la geniture, & au trin de la fortune, il fera plusieurs voyages, beaucoup de dépence pour conuerser auec les plus excellents Musiciens qu'il pourra rencontrer, & n'oubliera rien de tout ce qui peut rendre la Musique recommandable parmi les hommes.

♄ luy apportera vne grande perseuerance, & vne diligence nompareille pour la lecture de tous les anciens, qui ont écrit de la Musique, afin d'enrichir,

& de perfectionner cette ſcience : ſa voix ſera ſi douce, ſi roulante, ſi accordante & ſi agreable, qu'il rauira les eſprits auec ſes chanſons ; car il la rendra aiguë, quand il voudra par le ſextil de ♂, graue par le trin de ♄, & mediocre par ♀, de maniere qu'il pourra chanter la Baſſe, la Taille, & le Deſſus quand il luy plaira.

♂ luy donnera la force d'animer des airs propres pour exciter à la guerre, & pour repreſenter le cliquetis des armes, & les fanfares de la trompette ; le trin de ♄ le rendra propre pour repreſenter les choſes languiſſantes, & funebres, & pour ſaiſir les cœurs des auditeurs d'vne grande triſteſſe, qu'il pourra tellement amollir, que leur plus violante fureur, & leur plus ardente colere ſera changée dans les tendres élans d'vne douce pitié.

Il ſera ſçauant en toutes les parties de Mathematique, qui ſeruiront pour enrichir la Muſique, & fera des vers fort excellents, qui n'auront rien de l'aſcif, & qui ſeront remplis de pieté ; Car la ☾, ♃, & l'épi de la ♍ ſont conjoincts. Il aura vn grand credit parmi toutes ſortes de personnes ; car la ☾ auec ♃, & l'épi de la ♍ receuant le ☉ d'vn quadrat luy acquiereront l'amitié & la faueur des Princes, à cause du Soleil ; des Prelats, à cause de ♃, & du peuple, à cause de la Lune : Il sera riche, & puissant en benefices, & en dignitez Ecclesiastiques, qu'il obtiẽdra par son industrie; il sera connu des Rois, dautant que le ☉ est au milieu du Ciel auec vne belle étoile, & au quadrat receu de la Lune.

Et parce qu'il est hors de ses dignitez, & ♀ aussi, il sera chery, & admiré, hors de son païs, & sera honoré des siens, dautant que ☿ est en sa maison : ♂ fera voller sa gloire par tout le monde : ♄ auec fomahand, qui signifie l'immortalité du nom, fera durer sa memoire, & la fera passer à la posterité, & ses écrits, & compositions seront dignes d'estre grauées dans le marbre, ou dans le cedre, & laisseront vn regret à tous les Musiciens de ne pouuoir faire mieux, & vn desespoir de le pouuoir imiter. Par consequent ce Musicien aura les trois choses qu'vn ancien desiroit pour deuenir sçauant, à sçauoir *Ouïr*, *voir, & auoir*, & ſurmontera tous ceux qui l'auront deuancé, & tous ceux qui viendront apres luy.

Or parce qu'il n'y a perſonne pour grand, & pour excellent perſonnage qu'il puiſſe eſtre, qui ne ſoit ſujet à l'enuie des médisãs, & des eſprits mal-faits, ſi quelqu'vn luy reproche qu'il eſt enclin aux ſales voluptez, à raiſon des aſpects partils de ♄, & de ♂. Ie répons qu'encore que chacun ait ſes imperfections, & qu'il n'y ait perſonne qui ſoit parfaitement heureux pendant que nous viuons icy: Neantmoins il pourra facilement reſiſter à cette inclinatiõ, à cauſe de ♃, de la ☾, & du ☉, qui le fortifient, & qui luy dõnent vne grande prudence, pieté, & iuſtice.

Voila ce qu'on peut dire de cette natiuité ſuiuãt l'Aſtrologie, qui a eſté pratiquée, ou qui ſe pratique maintenant: d'où l'on peut tirer beaucoup d'autres iugemens, & concluſions. Car ie me ſuis contenté de marquer tout ce qui s'y voit de principal pour rendre vn homme parfaitement ſçauant en Muſique.

Raisons contre la figure, & la natiuité precedente.

L'On trouue premierement que celuy qui naistroit souz cette figure celeste, ne seroit pas de longue vie, & qu'il mourroit de mort violante, car la Lune est en l'opposé de ♂ assez partil, puis qu'elle s'y peut ioindre dans l'espace de 24. heures, & que le Soleil est proche de la teste d'Hercule, qui est d'vne nature violente : D'abondant, Mars est logé dans la huictiesme, dans laquelle il signifie le genre de mort, quant l'opposé de ♂, qui est anarete, blessera la Lune, ou l'ascendant, dont l'vn vient plustost que l'autre. Et bien que ♃ s'y oppose, neãtmoins son corps ne succede pas à ce rayon malefique, & c'est se promettre le retour du iour passé que d'attẽdre l'effect d'vne direction passée de neuf ans, pour en empescher vne qui la suit : Quant au trine de Venus, qui l'accompagne, elle ne le peut empescher : ♀ est estrangere, & n'a qu'vne force accidentelle, bien qu'elle ſoit dans l'angle du midy : de plus elle n'eſt pas ſi puiſſante que ♂ en ſa propre maiſon.

Or ce Muſicien n'auroit pas entierement ſon temperament chaud & humide ; car le ſigne qui monte eſt celuy qui donne la meilleure condition au temperament, lors qu'il eſt ſans planettes : Quand il s'y en trouue quelqu'vn il communique ſa nature, de maniere que le ſigne aſcendant de cette natiuité eſtant froid & ſec, eſt icy nommé la baſe du temperament, qui ſemble corriger ſon ſignificateur eſtant ioint à vn planette chaud & humide dans vn ſigne de ſemblable nature : ce qui n'y apporte pas neantmoins grande choſe, car il eſt en l'aſpect ſextil de ♂ chaud & ſec, & au ſigne de meſme qualité, & eſt trin de Saturne retrograde, qui eſt froid & ſec, & qui diminuë l'humide pour augmenter la ſeichereſſe ; ioint que la Lune, qui gouuerne les humeurs eſtant bleſſée par ♂, affoiblit grandement ſa temperature.

Quant à la profeſſion du Muſicien, ☿, ♀, & ♂ ſont ſignificateurs (auec le milieu du Ciel) de la vacation, ♀ ſignifie les Muficiens : & ☿ les Poëtes : Or ♀ eft icy iointe à ☿, mais elle n'eft pas fignificatrice du cœur du Ciel, par confequent elle n'eft pas la principale difpofitrice de la vacation, & ne la peut eftre qu'en tant qu'elle eft en la ligne meridionale. Or ☿ y a plus de force, car le figne qui occupe cet efpace, eft fon domicile : fçauoir s'il prend la nature de ♀, ou fi eftant le plus fort il prend feulement la fienne, c'eft la difficulté. toutefois cela ne peut refoudre le doute : par exemple, il y a deux perfonnes qui ont ♀, & ☿ ioints partilement, l'vn aux poiffons en l'afcēdant, qui eft confeiller, & ayme grandement la poëfie, & fur tout la Latine, mais il n'ayme nullement la Mufique: l'autre a cette conionction dans le 20. degré de ♍, qui eft gentil-homme de bon efprit, mais fans lettres, & ne fçait point la Mufique, par confequant il faut dire, quoy que ☿ foit le plus fort, ou le plus foible, qu'il ne fait pas toufiours des Muficiens, ny ♀ auec luy, & qu'il eft befoin d'autres cōftellations. Or le fextil de Mars eft logé en la huictiefme, & le trin de ♄ retrograde, qui le feroient pluftoft Aftrologue, & Necromantien, que Musicien. En fin la teste, & la queuë du Dragon ne sont point en cette natiuité, & par consequent elle est imparfaite.

Responce à l'objection precedente, & confirmation du mesme Horoscope.

LA premiere partie de l'objection consiste en ce que la Lune est en l'opposé de ♂ assez partil: A laquelle on peut répondre que la Lune n'ayant que douze degrez & demy d'orbe, & ♂ huict degrez: & estant éloignez l'vn de l'autre de 13. degrez, & demy, il ne se peut faire qu'il y ait aspect: si l'on ne vouloit par vne nouuelle Astrologie oster aux astres la proprieté des causes secondes, à sçauoir d'estre bornez d'vne certaine sphere d'actiuité, outre laquelle ils n'agissent plus, & qu'on dist que leur force est infinie, ou qu'il faille pour leur dőner force d'aspect, qu'ils se puisse ioindre en 24. heures: ce qui n'a iamais esté allegué, ny experimenté par aucun autheur digne de foy: mais pourquoy plustost en 24. heures, qu'en douze, & pluſtoſt en douze qu'en vn autre nombre : Eſt-ce de meſme pour toutes les autres, comme pour ♂.

De plus, encore qu'ils fuſſent entrelacez, ou mélez en leur orbe, comme par exemple, la Lune au vingt-vnieſme de ♎, & ♂ comme il eſt, & que ♃ fuſt entre-deux : par exemple, au vingt-deuxieſme de ♎, il n'y auroit point d'aſpect entre ♂ & la ☾ ſelon Cardan, Peucer, Leonitius, Schonner, Magin, & tous les autres, quand ils parlent de l'empeſchement, ou prohibition de lumiere, dont la maiſon eſt euidente, & facile à deduire. Par cõſequãt la ☾ n'eſt pas en l'oppoſé de ♂, & n'y a point de mort violẽte: & l'oppoſitiõ du ☉ à Hercule n'en peut eſtre cauſe eſtant ſeule, mais ſeulemẽt de quelques hazards de voleurs, ou autres fort legers, qui ſont tous adoucis, ou oſtez par l'oppoſitiõ de la ☾, & de ♃ à leur □ receptif. Il faut dire la meſme choſe de ♂ dãs la huitieſme ; car les maleſiques doiuent eſtre dans les angles, ou bien les luminaires doiuent eſtre bleſſez par eux. A quoy on peut adiouſter que les morts violentes ne ſe font qu'aux ſignes de cõtraire nature, comme a remarqué Ptolomée, & que les planettes ne menacent point de mort en leur maison quand ils sont empeschez le moins du monde; à quoy l'on ne sçauroit contredire, puis que l'experience en est confirmée par Ptolomée, & par tous les autheurs de la Iudiciaire: Par consequãt il ne faut point aller à l'encontre des lieux succedents, comme quand ♃ succede à vne direction: ce que l'on peut voir dans Ptolomée, au traitté des directions Apheriques: Autrement on ne sçauroit dire pourquoy l'on ne meurt pas d'vne maladie, ou d'vn autre accident.

Secondement le △ de ♀ peut empescher cet accident, puis qu'elle n'est pas estrangere en ♎, où elle obtient plusieurs dignitez, & le △ de ☿ est aussi bon que celuy de ♀, parce que ☿ prend la nature des astres, ausquels il se ioint: Or vne force doublée est plus grande qu'vne simple, comme celle de ♂ & de ♀ est plus forte estant dans le centre d'vn angle, Oriẽtale, iointe à ☿, & elevée par dessus ♂, comme dit Cardan, au liure 3. texte 10. du Quadupartit.

La seconde partie de l'objection traite du temperament, à laquelle on respond qu'il ne faut pas iuger du temperament par le signe qui est à l'ascendãt, encore qu'il n'ait qu'vn degré, dautant que les signes n'õt point de force d'eux-mesmes : Quant à la Lune, elle n'est point empeschée de ♂, & ♀ est plus forte : D'auantage, il faut remarquer que ♄ destruit ce que ♂ pourroit faire estant nocturne, & dans l'Aquarius.

De plus, il faut considerer le ☉, & la Lune auec ses aspects, & ses estoiles ; Et pour bien iuger du temperament, il faut sçauoir l'aplication des cinquante deux combinations, toutes par degrez des quatre premieres qualitez, suiuant l'opinion de Ptolomée, & de Cardan.

Quant à la profession du Musicien, il n'y faut pas mettre ♂, mais seulemét ♀, & ☿, suiuant les regles de l'art : car il ne faut pas douter que ☿ ne prenne la qualité de ♀, qui est comme la forme, & ☿ est comme la matiere, dont on peut voir la nature dãs Cardan, au traicté de la nature des planettes.

De plus, ♀ ne signifie pas la profession, parce qu'elle est en la ligne meridienne ; mais seulement à cause qu'elle est

eſt Orientale, comme dit Ptolomée. Or la conſequence de l'objection tirée de cette natiuité, dans laquelle on voit les deux conjonctions de ☿, & de ♀, eſt nulle: car elle eſt tirée de deux propoſitions particulieres, differentes, & ſeparées: A quoy l'on peut adiouſter qu'elles ne ſont pas partiles, ny dans les ♊, ny dans le milieu du Ciel, ny dans la partie Orientale.

Il faut reſpondre à la troiſieſme partie de l'obiection, que la teſte & la queuë du Dragon ſont comme les zero en chifre, qui ne font qu'augmenter la valeur des autres planettes, ou la diminuer bien peu: Car l'on ne ſçauroit montrer dans aucune Natiuité depuis la creation du monde iuſques à preſent, qu'elles ayent fait quelque choſe, quand elles ont eſté toutes ſeules: Et neantmoins qui voudroit rencontrer le temps de cette conſtitution celeſte, il ſeroit contrainct, apres auoir trouué tout le reſte, de châger de deux, ou de trois mil ans pour la queuë & la teſte du Dragon.

Autre Horoscope capable de nous donner vn tres-parfaict Musicien.

LA premiere chose qu'il faut considerer dãs cette figure est, que toutes les planettes sont sur terre, & directes, & les benefiques aux angles auec des estoilles fixes, à sçauoir ♀, & ☿ auec l'épy de la ♍ ; & ♃ est ioinct à la Lune auec vne nouuelle estoile de la premiere grandeur, qui est de la nature de ♀, & de ☿, elle est au Serpentaire, comme celle qui parut en l'année 1604. au pied du mesme Serpentaire : Car nous la pouuons aussi bien supposer que tout le reste. Or cette constitution celeste promet vn tres-excellent Musicien d'inclination, de profession, & d'institution, de maniere qu'il n'en nâquit iamais vn sẽblable en beauté de corps, ou en excellence d'esprit, ny qui eust tãt de probité en ses mœurs, & de douceur en sa conuersation, car il seroit remply de toutes sortes de vertus.

Or auant que de faire le iugement de cette constitution celeste, il faut remarquer qu'elle est dressee suiuant l'opinion de Stadius : Et bien que Gauric die que quand tous les planettes sont sur la terre, que la vie n'est pas longue, neantmoins Garceus, & Iunctin rapportent vn grand nombre de Natiuitez, où tous les planettes sont sur la terre, pour des personnes qui ont vescu longtemps; & remarquent que ceux qui les ont ainsi placés, ont quelque chose de tres-excellent par dessus le commun.

Le Sagitaire est en l'ascendant, qui donneroit vn temperament chaud & sec, s'il montoit tout seul estant de la triplicité ignée : Mais ♃ chaud & humide, & la ☾ froide & humide (qui tépere grandement la chaleur excessiue) aydez des sextils de ♀, & de ☿ logez dans vn signe aërien, & l'étoile nouuelle ascendante, qui est de la nature de ♃, & de ♀, donnent vn temperament chaud & humide, & par consequent sanguin, qui est le plus parfait de tous les temperaments. L'étoile nouuelle est au Sagitaire, prés du lieu où telles étoiles paroissent, à sçauoir dans la voie laitée : car celle de la Cassiopée, & du Croiset, & celle qui parut en 1604. se voient en cette ceinture, & ne s'aperçoiuent en nulle autre partie du Ciel qu'en celle cy, qui est comme le Zodiaque des Cometes. Elle est en l'ascédant iointe à ♃, & a la Lune pour vne plus grande signification, dautant que les étoiles fixes sans les planetes, & hors des angles ne produisent pas de grands effets.

Et neantmoins s'il fust né quelqu'vn, quand l'étoile nouuelle parut dans la Cassiopée, il n'eust pas esté Musicien, dautant que les autres rencontres qui sont en ce theme, sont necessaires, dans lequel la nouuelle étoile n'a pas esté mise pour signifier vn Musicien, mais pour le signifier incomparable, supposé qu'il le fust, & pour faire que ses compositions durent beaucoup de siecles; Car les étoiles nouuelles bien placées produisent d'admirables effets : C'est pour vne semblable raison que Cardan voulant imaginer vne figure celeste pour la naissance de nostre Sauueur, met l'étoile aparuë aux Mages en l'ascendant, quoy que mal à propos, puis qu'il fait monter la Balance.

Or ♃ en l'ascendant fait ordinairement le premier né d'entre les freres, & donne la grandeur & la beauté: à quoy sert aussi le sextil de ♀, qui precede le point orizontal : Car l'aspect precedent de quelque planette donne la figure. ♀ la donne belle, estant icy bien placée, & la rẽd parfaite & tres-agreable : à laquelle ♃ adiouste vne douce maiesté : & ainsi mélez ils donnent la bien-veillance de chacun, de sorte qu'il ne reste rien à desirer : car tous les planettes ayment Venus, excepté ♄ : Mais il est dans sa puissance, estant logé dans le Taureau, ioint qu'il a son exaltation au lieu de ♀: Et puis ♃, qui est aymé des planettes, excepté de ♂, gouuerne le Ciel conioinctement auec ♀, de maniere que mélãs leurs puissances ils rẽdent l'enfant agreable à tout le monde.

Cette Natiuité promet aussi les bonnes mœurs; car Iupiter est ioint à la Lune, qui est mere de la faculté naturelle, & est regardé de bon œil par ☿, qui signifie la faculté animale, quand il est bien placé auec la teste du Dragon.

L'épy de la Vierge, & Venus donnent vn tres-bon esprit & tres-vertueux, & la debonnaireté, & probité, auec vne affection à la Religion, laquelle estant signifiée par le Soleil en la neufiesme, & par ♃ en l'Orient, doit estre la Chrestienne, suiuant les regles des Astrologues : Et parce que le ☉ est dans la maison de Religion, ce Musicien, dont nous parlons, en doit professer la pureté, & mesme auoir des visions, & des reuelations bien nettes.

Il doit encore estre tres-heureux, car Iupiter estant en l'ascendant luy promet de grandes richesses, qui luy viendront de son art, & de son trauail. Ce que confirment les aspects de ♀, & de

☿ significateurs de l'art, neantmoins ses richesses cõsisteront plus en argent, & en beaux meubles, qu'en autres possessions.

Quant à son art, ♂, ♀, & ☿ en sont les significateurs: ♀, est la plus puissante, & la principale; car elle est dame du milieu du Ciel, & gouuerne entierement la maison de la vacatiõ; Et biẽ que iointe à ☿ elle puisse signifier vn Peintre, vn Poëte, vn Parfumeur, vn Confiturier, & vn Musicien: Neantmoins elle signifie seulemẽt icy vn parfait Poëte, & vn parfait Musicien, car estant iointe à l'épy de la ♍, & se trouuant en l'angle du Midy, elle est si noble qu'elle fait les arts Mechaniques, cõme sont la peinture, la parfumerie, &c. C'est pourquoy elle ne peut faire qu'vn Musicien. A quoy contribuë la queuë du Dragon, & les planettes en l'ascẽdant, qui regardent Venus d'vn œil gracieux, auec vne nouuelle étoile de la nature de Venus qui y donne aussi son secours: car elle est iointe au cœur du Scorpion. Or Garceus remarque que ♂ estãt ainsi placé fait d'excellẽts Musiciens, qui sont particulierement signifiez par Venus, dautant qu'elle est bien placée, & que tout le Ciel coniure à leur faueur, soit pour chanter, soit pour composer, & pour inuenter : car Venus estant logée dãs vn signe aërien donne vne douceur de voix incomparable ; Ce que confirme l'étoile nouuelle en l'ascendent, qui est de la nature de Venus par participation de Iupiter. C'est pourquoi la pluspart des châts que fera ce Musicien, seront doux, & graues : Et l'on peut croire qu'Orfée deuoit auoir vne semblable Natiuité, s'il est vray ce qu'on rapporte de luy, encore qu'vn tel Musicien ne doiue viure que cinquante six ans, parce que quand l'opposé de ♄ viendra au cœur du Ciel, & au quarré de l'ascendant, il le menace de mort.

Troisiesme Horoscope ou Natiuité du Musicien parfait.

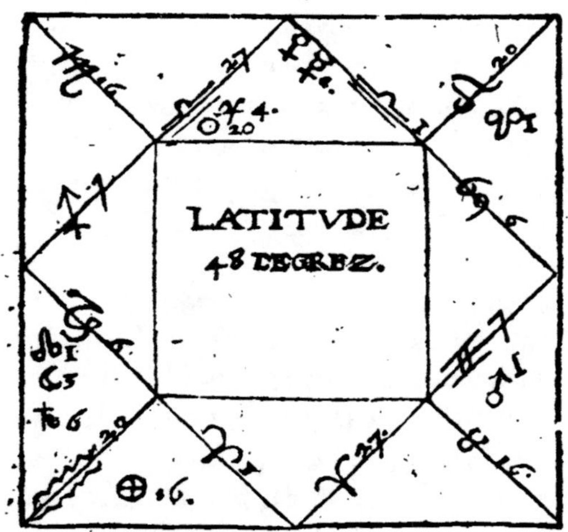

CEtte figure a esté expressément disposée en cette maniere pour estre forte en sa signification, & pour éuiter les aspects parfaits, afin de les mettre tous dans leurs aplications, ou defluxions. Or si l'on desiroit plustost le chant actuel de la voix, que la science de bien chanter, Il faudroit mettre la Lune au 3. du Belier, mais elle ne seroit pas si propre à la speculatiō, que quand elle est au 3. de la ♎, d'où il apert qu'il y a des manquemens par tout : Car la figure qui est bonne pour vne chose, est mauuaise pour l'autre. Quelques-vns tiennent qu'il eust fallu rendre Venus plus puissante que Mercure au milieu du Ciel, & mettre la Lune dans vn signe plus Saturnien, & fixe pour faire l'esprit de Musicien plus contemplatif.

Voila, à mon aduis, tout ce qui se peut apporter de meilleur de la part des Astres en faueur du parfait Musicien: Mais parce que ie fais profession de n'ēbrasser autre chose que la verité, & que ie me suis serui de la doctrine, & de l'opinion des plus excellents maistres en cet art, sans en dire mon sentiment, ie veux faire voir dans le discours qui suit le parti qu'il faut tenir, & ce qu'il faut croire de ces Natiuitez, & de tous les Horoscopes qui se peuuēt dresser, apres auoir apporté ce qu'en croit la Sorbone, dont l'on void l'Arrest, & la Censure qui suit.

COROLLAIRE I.

L'ON DEMANDE SI LA PROfeßion de ceux qui s'employent à faire des Horoscopes & Natiuitez, & croient neantmoins que les Astres & influences celestes nous inclinent seulement, sans apporter aucune necesßité, est bonne & licite, ou bien meschante ou illicite.

NOVS soubs-signez Docteurs en Theologie de la faculté de Paris, Apres auoir meurement consideré cette question. Auons esté d'auis que ladite professiõn est du tout illicite & dãnable, & qui ne doit estre aucunement tolerée en vne Republique. Car premierement outre la vanité, incertitude, & faulseté d'icelle, que l'experience journaliere nous apprend, elle est expressément condamnée en l'Escriture saincte, en Ieremie Chapitre 10. *A signis cœli nolite metuere, quæ timent gentes: quia leges populorum vanæ sunt.* Secõdemẽt pource qu'elle s'arroge vne chose qui ne conuient qu'à Dieu seul: qui est de cognoistre les futurs accidens des hommes auant qu'ils arriuent, en Isaie Chap. 41. *annunciate quæ ventura sunt in futurum, & sciemus quod dij estis vos.* Cõsideré d'ailleurs que lesdits accidẽs humains dépendent d'ordinaire de la raison & liberté des hommes, laquelle, comme enseignent tous les Theologiẽs, est de sa conditiõ naturelle releuée par dessus toutes sortes de causes secondes, mesme les Cieux: n'estant icelles faites & crées que pour le seruice & vsage de l'homme. *Creauit Deus omnia propter hominem, hominem vero propter se.* De sorte que lesdites constellations & influẽces n'ont & ne peuuent auoir aucune force sur lesdits euenemens qui dependent d'icelle liberté: & quand elles en auroient (ce qui toutes fois est tres-faux) il ne s'ẽsuiuroit pas que les Astrologues les peussent recognoistre & moins en porter des iugemens ou en donner asseurance. C'a esté vn erreur remarqué par les Peres anciens és Priscillianistes, comme dit sainct Gregoire, en l'Homelie 10. sur les Euangiles, lesquels ayans tousiours esté tenus pour heretiques, ceux qui font aujourd'huy pareille profeſſion doiuent eſtre tenuz en meſme rang. A quoy nous adiouſtõs la Cenſure de noſtre Faculté, donnée à l'inſtance de Meſſieurs du Parlement de Paris, contre vn nommé Maiſtre Simon Phares, promeu à l'ordre de Diacre, qui ſe qualifioit Medecin & Aſtrologue, les liures duquel furent ſolemnellemẽt condamnez par Arreſt à eſtre bruſlez, en laquelle cenſure, ſe retrouuent notamment ces mots.

Sæpe his decem menſibus libros iſtos relegimus (il y auoit vnze Liures, ſi bien qu'il y fallut employer beaucoup de temps) *Sæpe vniuerſi conuenientes de contentis diſputauimus; poſt multam tandem variamque doctorum ſacrorum, & aliorum doctorum, eorumdemque grauiſſimorum auctorum lectionem: poſt multos labores, in hãc vnanimiter ſententiam deuenimus, vt prædictam artem, nempe genethliacam, vt in his & ſimilibus libris continetur (ſi modò artis nomine digna eſt) qua qui vtuntur, ſæpe Mathematici, quandoque genethliaci, nõnunquam Chaldæi, interdum Aſtrologi à ſcriptoribus dicuntur: prorſus vanam, imo nullam eſſe nulla probabili ratione fulcitam, mendacem, fallaciſſimam, ſuperſtitioſam, diuinã honoris vsurpatiuam, bonorum morum corruptiuam, à Dæmone patre mendacij, humani generis implacabili hoste, cui etiam vera dicenti assentire nefas sit inuentam indicauimus. Quam cum Diuino Iuri, Canonico atque Ciuili sub grauissimarum pænarum interminatione prohibitam à summis Sacræ Theologiæ iuriumque humanorum doctoribus & à maximis Philosophis, efficacissimis testimonijs improbatam, imo & quandoque ab hoc collegio nostro damnatam viderimus. Nos etiam ipsi eorum vestigia sequuti, damnauimus atque damnamus, dicentes & doctrinaliter declarantes neminem Christianu absque mortalis peccati periculo ea arte vti posse. Datum & actum in nostra congregatione generali, apud Sanctum Mathurinum, Parisius de mane, super hoc specialiter per iuramentum congregata, anno Domini 1493. die decima nona Februarij.*

Sur laquelle censure ledit Maistre Simon Phares fut debouté de son appel & r'enuoyé pardeuant l'Official de Lion, pour luy estre son procés faict & parfaict.

Et quand est de ce qu'alleguent coustumierement ceux qui se meslent de ladicte profession, qu'ils n'entendent pas que lesdites influences & constellations ayent pouuoir de forcer & contraindre les hõmes ausdits euenemens, mais que seulemẽt elles les y enclinent & induisent. Nous répondons premierement que c'est vn erreur de penser que les Astres ayent en soy la force d'écliner directement la volonté des hommes, de laquelle, comme nous auons dit, depẽdent lesdits euenemens: pource qu'il ny a que Dieu seul qui le puisse: & de faict il n'agit point autrement sur la volonté que par induction ou inclination, soit efficiente, soit objectiue, ne la forçant aucunement, ains la laissant comme dit le Sage, *in manu consilij sui.* Secondement, encore qu'on pourroit dire que les Astres nous induisent & enclinent par accidẽt, & indirectemẽt, causans par leurs influences diuerses dispositions en nos corps, lesquelles induisent la volonté à certaines choses, neãtmoins c'est vn abus du tout insupportable, de donner pour cela asseurance desdits euenemens: comme par exẽple, de predire aux vns qu'ils seront riches, aux autres qu'ils paruiendront à de grands honneurs, ou qu'ils mouront d'vne telle maniere, ou épouseront vne telle femme, pource que ces choses & autres semblables dependent de bien d'autres causes que desdites constellations, comme il est assez notoire. De sorte, que si l'on peut par lesdits Horoscopes & constellations, porter quelque iugement (lequel est tousiours fort mal asseuré) ce n'est sinõ que des humeurs & complexions corporelles : que si l'on veut passer plus outre, & en donner asseurance, c'est chose superstitieuse, diabolique, & qui doit estre seuerement punie par les Magistrats, & ce d'autant plus qu'aujourd'huy nous voyons ce mal en grande vogue : tesmoin qu'il ne se publie à present aucun Almanach, qu'il n'y aye à la fin de tous les quartiers de Lune, de ces sortes de prognosties, qui sont choses abominables, & d'où il peut arriuer de grands maux en la Republique. Pour les peines de ceux qui exercent ladite profession, elles sont de deux sortes, canoniques, & ciuiles : les canoniques sont specifiees, 26. *quæst.* 5. *per totam.* ou l'excommunication est decernée contre telles personnes, & de fait Sainct Epiphane au liure de *ponderibus*

ribus & mensuris, rapporte qu'en la primitiue Eglise, Aquila Ponticus, encore que d'ailleurs il fut bien merité des Chrestiens, fut neantmoins excommunié, & mis hors l'Eglise. Pour les ciuiles elles sont inserées *l. 2. C. de maleficis & mathematicis*, *l. mathematicos, C. de Episcopali audientia*, où il est dit notāmēt que telles personnes doiuent estre bannis, & de plus *l. 5. C. de malef. & mathemat.* elles sont punissables de mort. FAICT à Paris, ce 22. de May, 1619.

Ainsi signé, A. DU VAL.

PH. DE GAMACHES.
N. YSAMBERT.

COROLLAIRE. II.

Puisque i'ay entrepris de parler de toutes les principales difficultez de la Musique par raison, plustost que par l'authorité des hōmes, quoi que ie la reçoiue, lors qu'elle est accompagnée de demonstration il faut examiner les fondemens, & les maximes de la Iudiciaire, & monstrer euidemment qu'elles n'ont nulle apparẽce de verité, ny mesme de vraye semblance : ce que ie fais dans les 8. Propositions qui suiuent, par lesquelles l'on verra que l'Eglise, & ses Docteurs ont droit de la condamner, & d'en deffendre les liures, & l'vsage.

QVESTION II.

Dans laquelle tous les principes de l'Astrologie Iudiciaire sont examinez.

CEtte question contient cinq propositions, dans lesquelles on verra clairement l'incertitude de l'Astrologie Iudiciaire, & tout ce qui luy appartient, c'est pourquoy ie ne fais point icy de preambule, afin que l'on ne lise rien qui ne soit vtile.

PROPOSITION I.

Qu'il ny a point de certitude dans les Horoscopes precedents, & que l'on ne peut rien predire de la perfection d'vn Musicien par la constitution des cieux.

IL y a si peu de choses certaines dans l'Astrologie Iudiciaire, qu'il n'est pas possible d'asseoir son iugement sur ce que l'on en peut coniecturer suiuant les regles, & les preceptes que les Arabes, les Grecs, & les Latins ont donné: Car si nous ostons les principes qu'elle prẽd de l'Astronomie, à peine pourra t'elle establir aucune maxime particuliere: ce que ie feray voir clairement, apres auoir supposé ce qu'elle emprunte des obseruations, & des Phenomenes de l'Astronomie.

Premierement, elle suppose que le Ciel est diuisé en 12. parties, qu'elle appelle maisõs, ou domiciles, & que l'horizon coupe le Ciel en deux Hemisphères égaux, aussi bien que le Meridien, qui le diuise en la partie Orientale qui monte, & en l'Occidentale qui descẽd: de maniere que ces deux cercles diuisent le Ciel en 4. parties égales.

Secondement, qu'il y a 48. constellations, à sçauoir, douze dans le Zodiaque, qui se diuisent en six signes Septẽtrionaux, à sçauoir le Belier, le Taureau, les ♊, l'Ecreuisse, le Lion, & la ♍, qui sont vers le pole Arctique: & en six Meridionaux, à sçauoir, ♎, le Scorpiõ, le Sagittaire, le Capricorne, le Verseau, & les Poissons; qu'il y en a six auec lesquels la plus grande partie de l'équateur monte sur nostre horizon, & qui ont leur ascension droite, à sçauoir, l'Ecreuisse, le Lion, ♍, ♎, le Scorpiō, le Sagittaire, & six autres qui montent obliquement, à sçauoir, le Capricorne, le Verseau, les Poissōs, le Belier, le Taureau, & les ♊, auec lesquels la moindre partie de l'équinoctial monte sur l'horizon. Mais les autres diuisions n'ont que l'imagination pour leur fondement, cōme celles des signes en *mâles & femelles*, ou en *masculins & feminins*, qu'ils appellent *diurnes*, & *nocturnes* : en signes *commendans*, ou *Septentrionaux*, & *obeissans*, ou *Meridionaux* : en *beaux*, & *laids*, *fecōs*, & *steriles*, *raisonnables*, *parlants*, & *muets*, *gras*, & *maigres*, *Philosophes*, & *Musiciens*, *vicieux*, & *vertueux*, *&c.* qu'ils font presider à chaque partie du corps : Car l'experience fait voir qu'vn homme stupide & lourd naist souuent souz vn signe de bon esprit, & il ny a pas plus de raison pourquoy le Belier preside à la teste, qu'aux mains, ou aux pieds : ny pourquoy Capricorne preside plustost aux iarets, qu'aux bras : pourquoy ♉ se réjoüist plustost dans le Verseau, ♂ en Capricorne, ☉ dans la queuë du Dragon, ♀ dans le Taureau, ☿ dans ♍, & ☾ dans l'Ecreuisse, qu'en quelqu'autre signe. Il ny a point aussi de raison en ce qu'ils disent de la cheute, & de l'exaltation des maisons, & de toutes les autres choses, qui sont semblables aux fables, & qui ont esté inuentées par les Caldées, les Arabes, les Grecs, & plusieurs autres, sans aucune demonstration : C'est pourquoy nous ne rencontrons point d'excellent Mathematicien, qui ne se mocque de tout ce que les Astrologues disent des douze maisons du Ciel.

Ie ne veux pas nier que les alteratiōs, & les generations sublunaires ne dépendent en quelque façon de l'influence des Astres ; mais ils ne sçauroient demonstrer que telle, ou telle partie du Ciel donne la vie, vn autre l'accroissance, la perfection, la domination, & puis la mort: Car pourquoy la partie Orientale preside-t'elle plustost à la naissance, qu'à la vigueur ; pourquoy la Meridionale preside-t'elle aux honneurs, & l'Occidentale à la mort ? Il faudroit qu'ils montrassent que personne ne meurt, quand la mesme partie Orientale qui s'est trouuée à la naissance, mõte sur l'horizon : Et que chacun meurt, quand la partie nocturne de minuit, qu'ils appellent *Imum cœli*, se trouue au mesme lieu, où elle estoit lors de la natiuité ; ce qu'ils ne feront iamais : Or ie veux faire voir que tout ce que disent les plus sçauans d'entr'eux pour establir les 12. maisons de l'Horoscope, n'a nul fondement asseuré, afin que le parfaict Musicien connoisse les erreurs de l'Astrologie, & les puisse combatre quand il luy plaira. Mais afin que l'on entende les discours qui suiuent, ie mets icy la figure de ces douze maisons, dont l'ordre est marqué par nombres.

PROPOSITION II.

Les trois maisons de la premiere triplicité ne sont establies par aucune demonstration, ou raison qui puisse persuader la verité de ce que les Astrologues disent de ces trois domiciles.

IL faut premierement supposer que le Ciel est diuisé en douze parties, qu'ils appellent maisons, par l'intersection de l'horizon. & du Meridien, qui coupent l'équinoctial en douze parties égales, dont celle qui est du costé d'Orient est appellée premiere maison, ou *l'Horoscope*, par excellence: parce que, disent-ils, cette partie est la plus puissante pour agir sur ceux qui naissent: Ce qui ne peut pas estre; car cette partie bat l'horizon trop obliquement; Et il seroit plus à propos de dire que la partie culminante du Ciel est la plus puissante, puis qu'elle enuoye ses influences, & ses rayons plus perpendiculairement, & qu'elle est plus proche de celuy qui naist, que n'est la partie Orientale: autrement il faut nier que les causes naturelles agissēt mieux, & plus fort par vne ligne plus courte, & plus perpendiculaire, que par vne plus longue, & plus oblique, & dementir toutes les experiences du Ciel & de la terre: D'où il s'ensuit que cette premiere maison est la plus foible des six qui sont sur l'horizon, car outre ce que i'ay dit, elle est tousiours empeschée par les vapeurs qui se leuent vers l'Orient, & qui sont si fortes, & si grossieres, qu'el-

'es empeschent la lumiere du Soleil ; 'elà vient que l'on ne peut allumer du feu auec vn miroir concaue au matin, lequel neantmoins brusle, & allume, ou fond ce que l'on met deuant, non seulement à midy, mais aussi sur le soir, encore que le Soleil ne soit pas plus haut sur l'horizon, qu'il estoit au matin, parce que les vapeurs ne sõt pas si grossieres. Or si le Soleil, qui est le Prince des Astres, & la plus excellente, & plus puissante partie du Ciel, a si peu de force a son leuer, qu'il n'agit iamais plus foiblement estãt sur l'horizon, ne faut-il pas conclure la mesme chose des autres planettes, des Astres, & des parties des cieux qui sont à l'Orient. Car les Astrologues ne peuuent dire auec raison que telles parties agissent plus puissamment, ou plus subtilement que le Soleil, ny ayant rien plus subtil, ny plus puissant que sa lumiere dans toute l'estenduë de la nature corporelle.

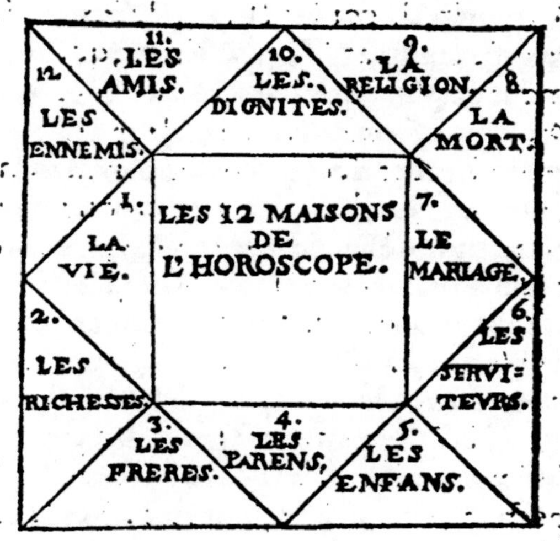

Les deux autres maisons de cette premiere triplicité ne sont pas mieux establies que la premiere, puis qu'elles en dependent, & qu'elles font vn triangle équilateral auec elle: Mais pour mieux entendre cecy il faut remarquer qu'ils mettent quatre angles, ou principales parties au Ciel, & qu'ils donnent vne triplicité à chacune, afin que le Ternaire, qui represente la Trinité, multipliât le quaternaire, qui represente les creatures, produise douze, pour les douze maisons, qui ont cinq aspects influants, à sçauoir, la conionction, le sextil, le trin, le quadrat & l'opposition, qui sont marquez par ces characteres ☌, ✱, △, □, ☍, ou par 1. 2. 3. 4. 5. l'vnité representant l'vnion, ou la cõionction: le binaire, le sextil, ou l'hexagone, qui comprend deux signes, ou la sixiesme partie du Ciel: le ternaire, l'aspect trin, ou le trigone, qui contient la quatriesme partie du Ciel, ou trois signes: le quaternaire, le quadrat, ou le tetragone, qui cõprent quatre signes, & la troisiesme partie du Ciel; & le senaire, l'aspect opposé, qui contient six signes, ou la moitié du Ciel.

Or ils distinguẽt quatre points principaux, qu'ils appellent angles, afin que les quatre points, ou parties de la vie, à sçauoir l'enfance, la ieunesse, l'âge viril, & la vieillesse, qui répondent au commencement, au progrez, à la force, & au declin des autres corps suiets à corruption, soient gouuernez par les Astres, & par les domiciles de l'Horoscope.

C'est pourquoy ils donnent trois maisons à la premiere triplicité pour les trois genres de vie que l'homme peut auoir en ce monde; dont la premiere est la vie *naturelle*, qui est gouuernée par l'Horoscope, c'est à dire, par la premiere maison, qui establit le premier angle de l'Orient : la seconde vie est la *spirituelle*, qui regarde Dieu, & la Religion, dont ils iugent par la neufiesme maisõ; & la troisiesme vie est la *representatiue*, qui fait reuiure les parens en leurs enfans, & en leurs heritiers, dans lesquels il semble que leur vie est conseruée, puis que le fils represente le pere apres sa mort : Or ils iugent de cette vie par la cinquiesme maison, car ces trois maisons, à sçauoir, la premiere, la neufiesme, & la cinquiesme, font vn triangle equilateral pour la premiere triplicité de l'Horoscope. Ils appellent cet aspect *trin*, l'aspect de parfaite amitié.

Ils veulent aussi que l'on entre de la neufiesme maison en la 8. qui represente la mort naturelle, dautant que la vie spirituelle, qui nous donne l'esperance d'vne meilleure vie, nous doit seruir de preparation pour attendre la mort corporelle: Mais ie ne voy nulle raison qui persuade que cette premiere triplicité soit biẽ establie, car il seroit plus à propos de faire que les trois signes d'vne mesme triplicité peussét enuoyer leurs rayons, & leurs influences sur vn mesme corps en mesme moment : Ce qui ne peut arriuer, dautant que la terre empeschera tousiours les rayons de la cinquiesme maison, quand la premiere, & la neufiesme seront sur l'horizon, car il n'y a pas moien de voir ces trois maisons en mesme moment, encore qu'on fust monté sur le Caucase, sur le Liban, ou sur la plus haute montagne de la terre.

Ils pourroient répondre qu'il se peut faire quelque reflexion premiere, ou seconde de ces trois points, ou de ces trois maisons les vnes aux autres ; mais cette responce est si foible qu'elle se renuerse assez de soy-mesme : C'est pourquoy ie passe outre iusques à ce qu'ils ayent trouué quelques meilleures raisons pour deffendre cette triplicité.

PROPOSITION III.

La seconde, la troisiesme, & la quatriesme triplicité ne sont pas mieux establies que la premiere.

IL est facile d'appliquer aux trois autres triplicitez, ce que nous auons dit de la premiere, car l'angle du milieu du Ciel, qu'ils attribuent au lucre, & aux autres especes de biens, à la jeunesse, & à l'action, n'a pas plus de correspondance auec la seconde, & la sixiesme maison, qui font la seconde triplicité, que la premiere maison auec la cinquiesme, & la neufiesme. Or il faudroit premieremét demonstrer que les honneurs & les dignitez appartiénent à la dixiesme maison, les bestes & les seruiteurs à la sixiesme, & l'or & l'argent à la deuxiesme, qui sont les trois sortes de biens qu'ils establissent, comme ils auoient fait trois sortes de vies, auant que de nous obliger à croire ce qu'ils disent de cette seconde triplicité. Mais ie ne me peux persuader que Dieu ait eu ce dessein, quand il a creé les Astres; & croy que plus on s'efforçera d'establir les douze maisons, & leurs proprietez, & plus on fera paroistre qu'elles n'ont point d'autre fondement que l'imagination : Car nous demanderõs tousiours pourquoy l'angle d'Occident, qui est la septiesme maison, est donné à l'âge viril, à l'amour, & au mariage : pourquoy la troisiesme maison aux freres, & aux parens : Et l'onziesme aux amis : car il faudroit monstrer pourquoy cette triple conjonction de corps, de sang, & d'esprit, ou d'affection, est plustost gouuernée par cette troisiesme triplicité de la sept 3. & 11. maison, que par vne autre triplicité.

Si cela estoit veritable, les enfans gemeaux, & tous ceux qui sõt naiz à mesme heure, sous vn mesme climat, en mesme longitude, & latitude, comme ceux qui naissent à mesme heure à Paris, à Constantinople, à Amsterdan, ou en quelqu'autre ville, ou prouince, n'auroient-ils pas mesme femme, mesmes enfans, mesmes amis, ou du moins en mesme nombre, & de mesmes qualitez?

Ie sçay qu'il ne se peut faire naturellement que deux personnes naissent en vn mesme instant, sur vne mesme partie de la terre, qui est determinée par les cercles de longitude, ou de latitude: mais il arriue des naissãces, en des lieux, & en des temps si voisins, que la distance n'est pas considerable, comme ils cõfessent eux-mesmes: Et neantmoins la vie, les actions, & la fortune de ceux qui naissent ainsi, sont si differentes qu'elles monstrent que toutes les regles des Astrologues n'ont nulle verité, cõme l'on verra si l'on prent la peine de l'experimenter.

Quant à la quatriesme, ou derniere triplicité, elle a l'angle tenebreux de minuit, qu'ils appellent *la fosse des planettes*, à laquelle ils donnent la vieillesse, les afflictions, & la mort des parents: la seconde maison de cette triplicité, c'est à dire, la douziesme de l'Horoscope, est pour les ennemis, & pour le mal qu'ils font, c'est pourquoy ils l'appellent *valée de misere*. Et la troisiesme maison de cette triplicité, c'est à dire la huictiesme de l'Horoscope, termine les biens, & les maux de cette vie par la mort, si co qu'ils asseurent est aussi veritable, comme ie l'estime tres-faux : Car ils n'ont ny raison, ny experience qui nous contraigne de suiure leur opinion, encore qu'ils se vantent de mille experiences qu'ils puisent dans les liures, ou qu'ils disent auoir faites : mais ils ne sçauroiét en faire paroistre aucune qui soit tellement reglée que l'on y puisse establir quelque chose de certain.

Or si ces maisons ne sont pas bié establies, il s'ensuit que toutes leurs predictions, & toutes les conjectures qu'ils tirent des douze maisons, sont tres incertaines, & qu'ils ne sçauroient rien dire d'asseuré de la religion de l'enfant par la neufiesme, non plus que par la premiere maison : Que la septiesme ne sçauroit enseigner si l'éfant sera marié, ny la 5. s'il aura des enfans, &c.

Quand ils auront prouué que les troisiesmes parties du Ciel, qui appartiennent a l'vne, ou l'autre des triplicitez, sont plustost de mesme nature, que celles qui se trouuent en diuerses triplicitez : Que le degré d'Orient influe plus puissammét sur la terre, & sur l'enfant, que le poinct vertical du Midy, & plusieurs

ſieurs autres choſes, qu'ils mettent en auant, le Muſicien pourra ſuiure leurs predictions.

Ce qui n'empeſchera pourtant pas que nous ne tirions quelque profit ſpirituel de l'ordre qu'ils eſtabliſſent entre leurs douze maiſons, afin que nous imitions la ſouueraine Bonté, qui tire le bien du mal, & la verité du menſonge. Ie dis donc que l'ordre des maiſons, ſuiuãt le cours naturel du premier mobile, qui va de l'Orient à l'Occident, peut repreſenter les mouuemens naturels de la partie ſenſitiue, ou animale: Mais quand les maiſons ſont diſpoſées ſelon le mouuement des planettes, qui ſe fait d'Occident en Orient, comme elles ſont ordinairement, elles peuuent repreſenter le mouuement de la raiſon, qui s'oppoſe à celuy du ſens, comme i'expliqueray, apres auoir conclu qu'on ne ſçauroit donner le temps auquel doit naiſtre vn parfait Muſicien, par l'obſeruation des Aſtres, puis qu'il n'y a point de certitude dans les regles de l'Aſtrologie.

PROPOSITION IV.

Determiner quelle vtilité l'on peut tirer des douze maisons de l'Horoscope pour les choses spirituelles.

IL faudroit faire vn liure entier, si l'on vouloit rapporter tout ce qui peut seruir aux choses spirituelles dans l'Astrologie Iudiciaire; ie me contenteray d'en toucher icy quelque chose, afin que chacun y puisse adiouster tout ce qui luy plaira. Les deux manieres que i'ay rapportées pour la disposition des douze maisons, monstrent que l'enfant a deux voyes qu'il peut suiure, à sçauoir celle de l'appetit animal, s'il suit le mouuement du premier mobile, qui commence par la douziesme maison suiette à toutes sortes de miseres, & d'ennemis, car il faut combatre le mõde, la chair, & le diable: puis il monte vers l'angle du milieu, ce qui represente l'ambition de l'hõme, qui court apres les honneurs. Or cette douziesme maison est de la mesme triplicité que celle de la mort des parens, des prisons, & de la fosse, qui est la quatriesme maison: c'est donc là le chemin de l'appetit brutal.

L'autre chemin appartient à la raison, & répond à l'ordre des maisons, qui suit la succession des signes du Zodiaque, selon le propre mouuement que les planettes ont de l'Occident à l'Orient: Car il descẽd par la maison d'humilité aux richesses de la seconde maison, qui appartient à la mesme triplicité de la dixiesme maison. Hierosme Colombe a fait vn traité entier de la natiuité de nostre Seigneur, dans lequel il monstre ses vertus, & ses qualitez par les douze maisons de l'Horoscope, & par les signes qui se rencontrerent dans chasque maison à l'heure de sa natiuité: dans laquelle il a mis la Balance, & ♃ pour l'angle d'Orient, afin de signifier sa justice, & la bonté de son temperament. Ie laisse le Scorpion de la seconde maison, le Sagittaire, & le ☿ de la troisiesme, le Capricorne, & le ☉ de la quatriesme, & les signes des autres maisons, dont il parle, dautant que ces applications ne sont pas dignes d'vn bon esprit.

PROPOSITION V.

L'on ne sçauroit predire asseurément les maladies ; ni les inclinations que quelqu'vn aura vices, aux vertus, & aux sciences, ni quel sera son temperament, par les regles ordinaires de l'Astrologie Iudiciaire.

CEtte proposition est contre l'opiniõ de plusieurs, qui croyent qu'on peut predire, par les aspects des Astres quand la cõtagion arriuera, & en quelle ville elle sera, dautant, disent ils, que les Elements sont parfaitement suiects au Ciel, & qu'il faut chercher dans les cieux la raison de tout ce qui se fait sur la terre. Secondement, parce que certains planettes, & aspects des Astres president, & influent plus particulierement sur quelques villes, & prouinces, qui peuuent par apres communiquer leurs mauuaises influenc. à vn autre lieu, bien que tels aspects ayent cessé, & que toutes les saisons ayent gardé leur temperament, comme il est souuent remarmarqué dans les Ephemerides.

Troisiesmement, parce que l'experience fait voit que la France, l'Angleterre, l'Allemagne, l'Espagne, & plusieurs autres Prouinces de l'Europe sont suiettes au premier trigone du feu, à sçauoir au Belier, au Lion, & au Sagittaire, dont le Soleil, & ♃ sont seigneurs. Que le second Trigone terrestre, le Taureau, ♍, & le Capricorne auec ♀ & ☾ influent particulieremēt sur l'Inde, sur les Parthes, & sur les parties plus Meridionales de l'Asie. Que le troisiesme Trigone aërien, ♊, ♎, & le Verseau auec ♄, & ☿ dominent sur l'Armenie, la Sarmatie, &c. Finalemēt, que le Trigone de l'eau, l'Ecreuisse, le Scorpion, & les Poissons, auec ♂ gouuernēt la Numidie, Chartage, les Maures, & les autres Prouinces de l'Afrique. A quoy ils adioustent que ♄ engendre la peste, quand il domine sur les Eclipses de la Lune, ou du Soleil, ou qu'il les regarde d'vn aspect opposé, ou quadrat, estant dans les signes de ♊, ♍ & le Sagittaire: De maniere que la contagion arriue aux lieux qui sont suiets aux signes, dans lesquels l'Eclipse se fait, & à la ville qu'on a commencé de bastir, lors que le Soleil estoit en ce signe. Ce qu'ils estiment si veritable, qu'ils croiẽt pouuoir trouuer le temps precis, auquel la maladie doit arriuer, pourueu qu'ils sçachent de cõbien le Soleil, ou la Lune estoient éloignez de l'Horoscope selon la succession des signes lors de l'Eclipse, dautant qu'il faut conter deux mois pour chaque signe, & que la maladie doit durer autãt de mois, ou d'années, comme l'Eclipse de la Lune, ou du Soleil durera d'heures : Mais cette maladie arriuera bien-tost, si la conionction de ♀, & de ☿ se fait aux étoiles Saturniennes, & si ♄ se trouue dans le Belier, dans le Lion, ou dans le Sagittaire.

Quant à l'inclination des hommes, S. Thomas mesme aduoue dans le 3. liure cõtre les Gentils chap. 86. & 92. que les Astres nous donnent de differentes inclinations, & produisent en nous de certaines dispositions, complexions, & habitudes, de maniere que ☿ estant dãs l'vne des maisons de ♄ donne vn excellent esprit: & enseigne en la premiere partie de sa Somme, questiõ 115. article 4. que les Astrologues rencontrent le plus souuent la verité, dautant que la volonté se porte facilement à faire vne mauuaise election, quand elle suit l'inclination de l'appetit sensuel, qui dépend de l'influence des Astres. Il asseure aussi dans ses commentaires sur le second liure qu'a fait Aristote de la generation, que l'enfant viura plus, ou moins, à proportion de la force que les planettes auront dans son Horoscope ; de là vient que quelques-vns croyent que l'õ pourroit predire tout ce qui arriuera à l'enfant en toute sa vie, si l'on connoissoit parfaitement la force, & la nature des Astres.

Or ie ne peux suiure cette opinion, car bien que les Astres agissent sur nous par leur lumiere, &, peut-estre, par quelque particuliere influence, ie ne crois pas qu'on puisse predire le iour, ny l'année, dans laquelle la maladie arriuera, dautant que nous ne sçauons pas iusques à quel point doit venir l'alteration de l'air, & des autres Elemens, laquelle est necessaire pour engendrer la contagion. D'abondant les Trigones du feu, de l'air, de l'eau, & de la terre, ne me semblent pas estre bien establis;

car pourquoy le Belier, le Lion & le Sagittaire gouuernent ils plustost la France, l'Angleterre, l'Espagne, l'Allemagne, &c. que la Numidie, & les autres prouinces de l'Afrique? ils deuroient plustost regir celles-cy, puis qu'ils montent plus haut, & dardent leurs rayons, & leurs influences plus perpendiculairement sur leur horizon que sur le nostre; Car le Belier n'a que quarante & vn degré d'éleuation à Paris, quand il est en son Midy, le Lion en a 63. & le Sagittaire 24. Mais le Lion a 90. degrez d'éleuation és Prouinces Meridionales, & le Belier en a autant souz la ligne équinoctiale: C'est pourquoy ils deuroient plustost presider à ces parties de la terre, qu'à nostre Europe, puis qu'ils ont plus de force dans les Prouinces Meridionales, que dans les Septentrionales.

Tout ce qu'ils disent de la grande conjonction de ♄, & de ♃, à laquelle ils donnent 794. ou 800. ans, afin que chaque Trigone ait 200. ans, ne me semble pas plus veritable quant aux predictions qu'ils en tirent.

Il faut aussi remarquer qu'ils mettent dix moindres conjonctions en chaque Trigone, auant que la grande conjonction arriue : & qu'ils disent que l'vne de ces moindres conjonctions se fist l'an 1621. dans le trigone du feu, le dix-huictiesme iour de Iuillet, & que l'autre arriuera l'an 1643. le second iour de Mars, dans le vingt-cinquiesme degré des Poissons, qui appartiennent au trigone de l'eau, comme le Lion au sixiesme degré dans lequel se fit l'autre conionction. Il est tres-facile de trouuer les autres conionctions, puis qu'elles se font de vingt en vingt ans, afin que dix moindres cõjonctions, qui se font en chaque Trigone, estant multipliées par quatre, qui est le nombre desdits Trigones, donnent 800. ans pour le temps qu'il y a d'vne grãde conjonction à l'autre.

Ce que i'ay voulu remarquer, parce que quelques-vns veulent establir la Chronologie par le moyen de ces Trigones, & supposent que le monde à commencé souz la premiere grande conjonction, au commencement du Trigone du feu ; que la seconde s'est faite lors qu'Enoch viuoit sainctemẽt, & que les fils de Cain inuentoient les Arts, & les Sciences: Que la troisiesme est arriuée au deluge: la quatriesme à la sortie des Hebreux hors de l'Egypte: la cinquiesme, quand ils furent menez captifs souz Isaïe, & que les Olympiades, l'an de Nabonassar, & Rome commencerent; & la sixiesme, vers la Natiuité de nostre Seigneur, l'an du monde 3970. Cecy estant posé, il faut que la septiesme se soit faite vers le temps de Charlemagne: la huictiesme, quand la nouuelle estoile parut l'an 1588. & par consequent la neufiesme de ces grandes conjonctions arriuera l'an de grace 2382.

Mais il faudroit prouuer que le mõde a esté creé au cõmencemẽt du trigone du feu, auãt que de pouuoir établir cete Chronologie, ce qu'on ne fera iamais.

Quant à la natiuité des villes, elle n'a point de fondemẽt dãs les Horoscopes qu'ils en dressent, sur quoy l'on peut lire Gauric, & les autres qui ont erige les figures, ou les natiuitez de Rome, de Milan, de Constantinople, & de plusieurs autres villes. Ils n'eussent pas employé leur temps plus mal s'ils eussent dressé les Horoscopes de la terre, & des autres Elements, ou de la Lune, de ☿, & des autres planettes, car on ne sçauroit rien predire d'asseuré ny des vns ny des autres.

Parlons maintenant des differentes inclinations des hommes, dont traite sainct Thomas depuis le 82. chap. du troisiesme liure contre les Gentils iusques au 87, & dãs la premiere partie de sa Somme, question 115. art. 4. dont voicy les paroles, *Il est plus probable que l'on peut predire l'inclination des hommes par les Astres, dautant que la plus grande partie des hommes suit les passions, & les mouuemens de l'appetit sensitif, surqui les cieux ont quelque pouuoir, car il y a peu de sages qui resistent à leurs passions, & qui suiuent les mouuemens, & la loy de l'esprit.* Delà vient que ce grand Docteur de l'école a dit que les corps celestes peuuẽt estre causes indirectes, & accidẽtelles des actiõs humaines, parce qu'ils agissent sur nos corps, dont l'entendement, & la volonté ont besoin pour faire leurs fonctions; & qu'il est necessaire que les actions de ces facultez soient empeschées quand les organes corporels sont mal disposez, comme il arriue à l'œil, qui a la iaunisse, ou à l'imagination qui est troublée: Car il faut que l'entendement se serue de l'imagination, qui communique son indisposition, & son imperfection aux operations intellectuelles, comme le verre coloré communique la sienne à la lumiere du Soleil.

Quant à la volonté, elle ne suit pas si necessairement les émotions de l'appetit concupiscible, & de l'irascible, car elle peut les corriger, & s'opposer à leur violence par des mouuemẽs contraires: ce que sainct Paul à remarqué quand il a dit que l'esprit resiste à la chair: d'où il appert que les influences celestes ont moins de force sur la volonté que sur l'entendement, qui ne peut corriger l'imperfection, & la perturbation de l'imagination, & des autres facultez qui luy sont necessaires.

Nous pouuons donc conclurre que les Horoscopes, par lesquels nous auõs monstré quelle natiuité doit auoir le parfaict Musicien, ne doiuent pas estre entierement rejettez, puis que le Docteur Angelique, & presque tous les doctes auec luy confessent qu'on peut predire les inclinations, & la perfectiō du corps, & de l'esprit par les regles que Ptolomée & les autres ont données: car ie ne veux pas m'opposer à vne opinion receuë par de si grāds personnages, & qui semble estre confirmée par plusieurs experiences. Ie diray neātmoins qu'il semble qu'on ne peut rien predire d'asseuré des inclinations, ou de la perfection de l'enfant, à raison de la matiere, dont son corps est formé: du laict, & des autres viandes, dont il est nourry; de l'air qu'il inspire, des diuerses compagnies parmy lesquelles il est éleué, & de mille autres circonstances, qui sont grandement considerables, & trop suffisantes pour empescher toutes les predictiōs des Astrologues, encore qu'ils eussent vne parfaite connoissance de la nature, & des effects de tous les Astres, laquelle ils n'auront iamais. A quoy l'on peut adjouster qu'il faudroit voir si les planettes estant dans les mesmes signes vers le Midy, vers la ligne Equinoctiale, & vers l'Orient, comme en la Chine, & au Iapon, ont mesme force, & produisent les mesmes effects que dans l'Europe; Et si les mesmes choses arriuent par tout le monde, souz mesmes aspects, & mesmes constellations: car si cela n'est vniforme, il n'y a nulle certitude dans l'Astrologie Iudiciaire.

Ie veux acheuer ce discours par vne raison qui toute seule peut monstrer l'incertitude de l'Astrologie, laquelle n'estant fondée que sur les experiences dont se vantent les Astrologues, elle sera entierement renuersee, si iamais l'on n'a pû faire deux semblables experiences.

Or il est tres-certain que les Astres, cest à dire les étoiles, & les planettes, dont les Horoscopes, & toute l'Astrologie tirent leurs vertus, leurs significations, & leurs discours, n'ont eu iamais deux fois vne mesme disposition entre-elles, & n'ont iamais regardé deux fois la terre d'vn mesme aspect, & par consequẽt ne nous ont point enuoyé deux fois leurs influences d'vne mesme façõ: dõc les Astrologues n'ont pû faire deux experiẽces semblables de l'influẽce des cieux depuis la creation du monde iusques à present: & consequemment ils ne peuuent rien predire d'asseuré par les Horoscopes, jusques à ce que les Astres ayent la mesme dispositiõ, qu'ils ont remarquée vne seule fois, afin qu'ils se seruent pour le moins de deux semblables experiences pour establir la verité de leurs predictions. Que si l'on demande combien il faut de temps pour faire d'eux semblables obseruations, ie répõs qu'il faut pour le moins 6336000. années; car les simples periodes, ou cours de Mars, de Iupiter, de Saturne, & des étoiles, c'est à dire les 2, les 12, les 30, & les 28800. années du cours de ♂, de ♃, de ♄, & du firmamẽt se multipliant font six milions trois cent trente six mille années. I'ay dit *pour le moins*; car le nõbre des années sera beaucoup plus grand, si l'on multiplie le temps des autres planettes, & de tous leurs excentriques, epicycles, & autres mouuemens particuliers, par le nombre des années susdites.

Et à vray dire ie croy que S. Thomas n'eust iamais donné de si grands auantages aux Astrologues, comme il a fait aux lieux que i'ay rapportez, s'il eust plus estudié à cet art, & s'il eust consideré cette raison: Mais il s'est contenté de conseruer la liberté des hommes, & la prouidence de Dieu ; Et a laissé la liberté aux Iudiciaires de predire ce qui dépend des passions, & du temperament, sans examiner plus particulierement si cela se pouuoit faire par l'Astrologie, ou s'il surpassoit l'industrie, & la connoissance des hommes.

Et s'il eust interrogé les plus sçauans Astrologues du mõde, & si leur eust demandé quelque maxime certaine, & infaillible de leur art, il eussent confessé ingenuëment qu'il n'y en a point. Et s'ils eussent eu honte de le confesser, il eust esté facile de les contraindre par l'experience mesme d'aduoüer cette verité.

COROLLAIRE I.

L'on verra encore plus clairement dans la proposition qui suit qu'il n'y a nulle raison qui persuade la verité de l'Astrologie, que l'on appelle la Iudiciaire, & consequemment qu'il la faut oster du nombre des Sciences & des Arts liberaux, car elle fait voir si euidemment la vanité des fondemens, & des

des regles dont vsent les Astrologues, qu'il est mal-aisé de la lire attentiuement que l'on ne se departe incontinẽt de leurs maximes pretenduës.

COROLLAIRE II.

Si l'on considere la grande diuersité des macules, ou taches du Soleil, & les differents effets qui peuuent estre produits par leur presence, ou par leur absence, à raison que le Soleil perd beaucoup de sa lumiere lors qu'il en est couuert, & qu'il est beaucoup plus clair, & plus resplendissant, quand il n'en a point, & qu'il a plusieurs flambeaux qui l'accompagnent, dont les vns sont aussi grands que toute la terre, & neantmoins que l'on ne peut predire la naissance, ou l'apparẽce de ces flãbeaux, ny de ces macules, quoy qu'elles soiẽt souuent plus grãdes que le corps de la Lune, l'on sera cõtraint d'auoüer qu'il n'est pas possible de predire aucune chose par les regles de ceux qui n'ont pas seulement conneu qu'il y eust des taches dans le Soleil, dont Schener a écrit vn gros volume qui merite d'estre leu.

COROLLAIRE III.

I'adjouste la proposition qui suit, dõt i'ay pris le discours dans l'Apologie que Monsieur Gassendi Theologal de Digne m'a fait voir en faueur des atomes d'Epicure, laquelle contient la Physique beaucoup plus parfaitement que nul autre liure que i'aye iamais veu; car elle comprend tout ce que l'on peut s'imaginer de plus subtil, & de plus excellent dans toutes les Hypotheses des anciens, & des Modernes, dont elle peut aysément suppléer tous les liures : i'espere qu'il la donnera bien-tost au public, & que l'on ne sera pas si ignorant qu'auparauant, apres qu'on l'aura leuë, & entenduë.

QVESTION III.

Que les hommes sçauans, & iudicieux rejettent l'Astrologie Iudiciaire, parce qu'elle n'a nul fondement, ou principe solide, & que toutes les maximes des Astrologues sont dignes de risée: & consequemment qu'on ne peut rien predire d'asseuré, ni de probable de la naissance des hommes par le moyen des Astres.

ENcore que ce que i'ay dit cy-dessus soit suffisant pour faire paroistre la vanité de l'Astrologie, neantmoins i'adiouste ce discours, afin que nul ne s'y amuse, & que ceux qui sont studieux, employent leur têps à de meilleures choses. Or puisque l'on ne peut sçauoir le vray point de l'Ecliptique, qui se leue sur l'horizon à l'instant que l'enfant vient au monde, il n'est pas possible de faire son Horoscope, puisque l'on ignore le point qu'il faut diriger, & dont il faut vser pour determiner le têps de la vie; car si l'on manque de demie heure, le prognostic des années manquera de 7.

ou huict ans, que l'enfant doit viure.

D'ailleurs l'enfant sort par parties du ventre de la mere, & lors que les pieds sortent, la teste est desia frappée par les Astres, & suiette au destin, autant que l'on puisse faire l'Horoscope des pieds. A quoy Cardan répond au 2. Chap. du 3. liure du Quadripartit, qu'il faut considerer le temps, auquel commence la respiration; mais il dit seulement cela pour euiter la difficulté, car vn peu d'air respiré ne peut châger le destin, & puis l'on remarque qu'il y en a qui respirent dans le ventre de la mere.

Mais sans passer si auant, c'est chose asseurée que nul Astrologue ne sçauroit remarquer le peu de temps qui est entre la naissance de deux enfans iumeaux, & qu'ils manquent le plus souuent à prendre le vray temps de la naissance, des iours entiers.

Quant à ceux qui se seruent des horloges ordinaires, l'experience monstre qu'elles sont si differentes que l'on en prend la comparaison pour signifier le discord, & le desordre. Et si l'on vse de l'Astrolable, suiuant le conseil de Ptolomée, l'on sçait premierement que ceux qui dressent la figure de la natiuité, n'ōt pas l'Astrolabe en main tandis que la femme est en trauail : & le Ciel est sous uent si couuert, tāt de iour que de nuit, que l'on ne voit point le Soleil, ny les étoiles, dont on n'auoit pas connu les vrays lieux que iusques à present : & puis la vraye hauteur du Pole, & la longitude n'est connuë qu'en fort peu de lieux. A quoy l'on peut adiouster le mécompte qui vient des refractions, la mauuaise fabrique, ou la petitesse des instrumens, & mille autres circonstances des obseruations, qui empeschent que l'on puisse remerquer le vray temps de la natiuité.

Car quant aux 5. manieres qui leur seruent pour iustifier le temps, dont la premiere s'appelle *Trutina Hermetis*, la *Balance, ou le Trebuchet d'Hermes*, qu'ils tirent de la 51. sentence du Centiloque de Ptolomée, où il est dit que l'Horoscope se rencontre au mesme signe, auquel estoit la Lune au temps de la conceptiō, ou au signe opposé, ils n'en peuuent tirer de certitude, n'y ayant nulle apparēce de croire qu'ils puissent trouuer le temps de la naissance par celuy de la conception, qu'ils ne sçauent pas. Et Ptolomée parle seulement du signe, & non du degré, ou de la minute, & consequemment ils peuuent s'abuser de deux heures, puis qu'vn signe, qui à 30. degrez, employe deux heures à se leuer.

La 2. maniere qu'ils appellent, *Animoder*, ou Almute & Almusteli, n'est pas meilleure, quoy que Ptolomée l'enseigne au chap. 2. du 3. liure, où il dit qu'il faut obseruer la Lune pleine, ou nouuelle, qui precede immediatement la naissance, & voir quel planette à la principale authorité dans le 6. lieu du Ciel, dans lequel la conionction, ou l'opposition est arriuée, afin de remarqué le degré du signe, que tient le mesme planette au temps de la naissance, & consequemment dans l'Horoscope, & de comparer le nombre de ce degré auec celuy du degré de l'Orient, & du milieu du Ciel, car ils veulent que le nombre de ses degrez soit égal à celuy dont il est plus proche.

Mais outre que l'experience monstre le contraire, & que cette methode n'a point d'autre fondement que l'imagination, elle ne peut estre iuste d'auec les climats differens, où plusieurs peuuent naistre à mesme heure, en apres, le temps que l'on prend, peut tromper en mille façons, comme sçauent tres-bien ceux qui font les obseruations du Ciel.

La troisiesme maniere se prend des accidens de la vie de celuy, dont on dresse la figure, dautant que Cardan dit au 158. du 6. des Aphorismes, que les Sages ne iugent pas seulement de l'enfant par la naissance, mais aussi de la naissance par l'enfant; car comme l'on se sert de la naissance pour trouuer le temps des accidens, qui doiuent arriuer à l'enfant par le moyen des directions, des transitions, & des profections annuelles, de mesme l'on trouue le temps de la naissance par lesdits accidens. Mais cette methode ne peut seruir pour l'enfant, auquel il n'est point arriué de notable accident, & tout ce qu'ils disent de ces accidens, n'a nulle preuue? Et bien qu'ils eussent trouué le vray point de la natiuité, il ne s'ensuit nullement qu'ils puissent predire aucune chose, dautant qu'ils diuisent le Ciel en 12. parties par le moyen des six cercles, qui le couppent en deux points opposez, afin qu'ils diuisent le Zodiaque en 12. parties, dont celle qui est souz l'horizon, & qui commence à se leuer, est appellée premiere maison, & celle qui suit souz l'horizon, est la seconde, & ainsi consequemment des autres en allant de la main droite à la gauche. Mais ils sont si differents dans leurs opinions en ce qui cõcerne la questiõ des points de l'intersection, qu'il n'est pas possible de les accorder: car les vnes couppent les cercles du Ciel au pole du Zodiaque, les autres au pole du monde, & les autres aux points, ausquels les Meridiens couppent l'horizon. Or ceux qui couppent les cercles aux poles du Zodiaque, les diuisent en 12. parties égales, ou seulemẽt les arcs opposez, qu'ils appellent demidiurnes, & deminocturnes, en 3. parties égales. Les Chaldeans ont suiuy la premiere maniere, comme remarque Sexte Empirique, quoy que Ptolomée la rejette au chap. 11. du 3. liure, & apres luy plusieurs autres, comme Firmic, Schonner, & Cardan, qui la nomment *égale*.

Gauric suit la 2. maniere, laquelle

Scaliger attribuë aux Indiens, sur le 3. liure de Manile; mais ils diminuënt 8. degrez au commencement de chaque maison, & de chaque lieu des planettes.

Ceux qui couppent les cercles au pole du monde, accommodent les arcs deminocturnes, & demidiurnes à l'Equateur par le moyen des deux principaux cercles des declinaisons, qui subdiuisent les quarts de l'Equateur par d'autres cercles en 3. parties égales; d'où il arriue qu'ils diuisent le Zodiaque d'vne autre façon en 12. parties égales. Or Acabicius, & son commentateur Iean de Saxe suiuent cette maniere.

Finalement ceux qui se seruent des sections de l'horizon, & du Meridien, diuisent l'Equateur en 12. parties égales, & consequemment le Zodiaque en 12. parties inegales, dont les parties diurnes, & nocturnes opposées sont seulement égales.

Il arriue la mesme chose à ceux qui se seruant du premier vertical au lieu de l'Equateur; & Iean du Mont Royal auec Abenazra suit cette maniere, qu'il appelle *Rationelle*, laquelle est maintenant suiuie d'vn grād nombre d'Astrologues, quoy que Campan & Gazule suiuent l'autre.

Quant aux 12. maisons, ils nomment la premiere *l'Horoscope*, la maison de la vie, du temperamment, & des accidents. La 2. *la porte inferieure*, & la maison des richesses, que l'on acquiert par industrie, la 3. *Deesse*, & la maison des freres, & des petits voyages. La 4. *le profond du Ciel.* La 5. *bonne fortune*, & maison des enfans. La 6. *mauuaise fortune*, & maison de la santé, des maladies, & des seruiteurs. La 7. *le couchant*, la maison du mariage, & des achapts, &c. La 8. *le principe de la mort*, & la maison des thresors cachez. La 9. *Dieu*, & la maison de la Religion, des songes, & des longs voyages. La 10. *le milieu du Ciel*, & la maison des dignitez, & des conditions de la vie. L'onziesme, *le bon demon*, & la maison des amis. La 12. *le mauuais demon*, & la maison des ennemis, & des prisons.

Ils adioustent que la 1, 4, 7, & 10. sont les angles d'où dependent les autres en qualité de succedentes, & de cheutes que les 1, 2, & 1, qui suiuent, sont les quart de l'Occidét, de l'Automne, & de la melancholie : que les 3. autres sont pour le Midy, pour l'Esté, & pour les cholere, & les 3. dernieres pour l'Oriét, & pour les sanguins.

Ie laisse mille autres choses qui sont si ridicules que ie n'ose les rapporter : par exemple, que la premiere maison preside au blanc, la 2. au verd, &c. Car pourquoy le Ciel est-il plustost diuisé en 12. parties, qu'en 8, 10, 16, 20, ou 60. parties ? En apres cette diuision ne seroit-elle pas aussi bonne, ou meilleure, si elle se faisoit par 12. cercles paralleles à l'horizon ? ou en 12, qui se coupassent au vertical, & au point opposé ? Et s'ils veulent que le Zodiaque soit diuisé en 12. parties égales, que ne le diuisent-ils tous d'vne mesme diuision, afin que ce qui est la premiere maison à l'vn, ne serue pas d'vne autre maison à l'autre ?

A quoy l'on peut adiouster que la maison qui est toute sur l'horison, doit plustost estre la premiere maison que la 12. ou du moins ils deuroient attendre que la moitié de cette maison fust leuée ; & la 10. maison, qui est celle du milieu du Ciel, deuroit estre moitié vers le couchant, & moitié vers le leuant, & meriteroit mieux le nom de premiere que l'autre; ou bien ils deuroient donner cette prerogatiue à la maison, dans laquelle le Soleil se rencontre, puis qu'il est le Roy des Astres.

D'ailleurs, si la maison, qui commence à se leuer, est pour la vie, que celle qui se couche, n'est elle pour la mort? pourquoy la 8. maison fait elle plustost mourir? d'où contracte elle vne si grande malice? Les maisons ont elles cette force, ou cette signification du premier mobile? Comment la mesme partie de ce Ciel est-elle heureuse, & puis malheureuse selon les differentes maisons? Pourquoy vne partie de ce Ciel est elle plus mal-heureuse dans l'vne des maisons que dans les autres.

C'est chose estrange que ♃ donne de grands biens dans la premiere, & de grands maux dans la 12. & qu'il donne des fols & des roturiers dãs la 8. au lieu des dignitez qu'il donne dans la 10. & des dignitez Ecclesiastiques qu'il donnent dans la cinquiesme.

Lors que quelqu'vn vient au monde

pourquoy le destin de ses freres est-il escrit dans la troisiesme maison, celuy des parents dans la 4. celuy des fils dans la 5; celuy de la femme dans la 7. & celuy des amis dans l'onziesme? Qui a marqué le logis aux grands animaux dans la 12. estans petits dans la 6. quel Mercure a mis les longs voyages dans la 9. & les pauvres dans la troisiesme?

Mais comme peut-on esperer de trouver quelque verité dans l'Astrologie, puisque les principaux Autheurs ne s'accordent pas en ces maisons, qui servent de fondement à la science? Car Ptolomée juge au contraire que les maisons, si ce n'est qu'il les commence par la Fortune, & non par l'Horoscope, dont elle est tousiours aussi éloignée, que le Soleil de la Lune.

Je laisse plusieurs divisions des signes en chauds, humides, masculins, feminins, beaux, laids, muets, parlants, &c. qui serviroient plustost pour faire rire, que pour instruire, & qui n'ont seulement pas l'ombre de la raison, ni de la vray-semblance pour leur fondement. Et si l'on considere les nouveaux destins qu'ils donnent à chaque degré pour establir leur *Mahometrie* & *Myringmesf*, l'on s'estonnera que l'ame raisonnable d'vn homme puisse tōber en de si estrā-ges manies : Car, disent-ils, si l'Horoscope est au premier degré d'Aries, il signifie la naissance des Roys; s'il est en la 2. il signifie les larrons, il signifie les borgnes dans la 3. &c. Et afin qu'ils trouuent leur conte, ils diuisent encore les degrez en minutes, & disent que le Belier preside à la teste, le Taureau au col, &c. que le Lion domine à l'Italie, le Belier à la France, & particulierement à la ville de Marseille : que la Vierge gouuerne Paris, le Sagittaire Auignon, &c.

Quant aux maisons des planetes, ils logent la Lune dans l'Escreuisse, & le Soleil au Lion; car ils ne leur donnent qu'vne maison, quoy qu'ils en donnent 2. aux autres : par exemple, les Iumeaux, & la Vierge à Mercure, dont l'vne est pour le iour, & l'autre pour la nuict : & afin que les planettes ayent quelque refuge dans leurs bannissements, les lieux du Ciel opposez à leurs maisons leur seruent d'exil, comme les lieux opposez à leurs exaltations leur seruent de cheutes : Car ils exaltent le Soleil au Belier, & ♂ au Scorpion. Or ils ne veulent pas que le Lion, & l'Aquarius seruent d'exaltatiõ, ou de cheute à aucun planette.

Et comme s'ils estoient les fourriers de l'armée Celeste, ils marquent les logis à chaque planette qu'ils exaltent, ou depriment comme ils veulent, sans oublier la teste & la queuë du Dragon, qu'ils exaltent dans les Iumeaux, & dãs le Verseau, de sorte que l'on croiroit à les ouïr parler qu'ils sont les Roys, & les souuerains maistres du Ciel.

Ils disposent encore les degrez des signes par dizaines, qu'ils appellẽt *faces*, afin que les planettes ayent leurs faces: par exemple, que ♂ ayt les 10. premiers degrez d'Aries: que le Soleil ayt les 10. qui suiuent, & ♀ les 10. derniers: ☿ à les 10. premiers du Taureau, & ainsi des autres.

A quoy ils adioustẽt les *Termes*, qu'ils appellent *fins*, afin de les donner aux 5. moindres planettes: Car ♃ à les 6. premiers degrez d'Aries: ♀ à les 6. ou 8. suiuans: ☿ les 6. ou 8. qui suiuent, & ainsi des autres. Ie laisse maintenant les Trigones, dont ils departent celuy du feu, qu'ils appellent *ignée*, au ☉, & à ♃, & mille autres resueries, qui n'ont nul fondement.

Or ils ont si peu de iugement qu'ils ne dõnent quasi nulle vertu aux signes, & aux Asterismes qui sont hors du Zodiaque, quoy qu'ils soient en plus grand nombre que les autres, & qu'ils ayent des étoiles tres-grandes, & tres-notables, comme l'on void dans l'horion, auquel ils attribuent fort peu, en comparaison de ce qu'ils donnent au petit Asne de l'Escreuisse: car encore qu'il soit presque inuisible, ils disent neantmoins qu'il est tres-puissant pour exciter les tempestes.

D'ailleurs ils donnent la puissance d'agir sur nous aux signes du premier mobile, & non à ceux du firmament, qui retrogradent peu à peu, & vont au contraire du mouuement des signes du premier mobile. De là vient que le Belier du firmament est maintenant dans les poissons du premier mobile, & qu'il entrera apres dans l'Aquarius, dans le Capricorne, &c.

C'est dans ce premier mobile qu'ils establissent leurs Dodecatemories que

quelqu'vns

quelqu'vns disent estre la partie du Zodiaque, à laquelle finit le nombre des degrez, où se rencontre le planette, apres qu'il à esté multiplié par 12: par exemple, si le planette est au 5. degré, & 5' du Belier, le dodecatemorie finit au premier degré des Gemeaux, dans lequel ils mettent le dodecatemorie du planette, parce que 5. 5'. multipliez par 12. donnent 61. lesquels estant contez dés le commencement du Belier donnent le premier degré des ♊ [illegible]

Quant à la force des planettes, ils disent que le ☉ échauffe en seichant, que ♂ brusle, que ♄ ameine le froid, que ♃ & ♀ sont les bonnes fortunes, que le ☉, ♄, & ♂ sont masles, la ☽, & ♀ femelles, & que ☿ est androgyne; qu'ils sont plus masles, lors qu'ils ont plus de lumiere, & qu'ils sont Orientaux, & diurnes: que le ☉, ♄, & ♃ sont *diurnes*, & les autres *nocturnes* [illegible]

Or ils leur departent plusieurs degrez de force, & de dignitez suiuant les lieux du Zodiaque où ils se rencontrent: Car ils leur donnent 5. degrez de force, s'ils sont dans leur maison; ils leur en donnent 4. pour leur exaltation, 3. pour leur triplicité, deux pour leur fin, & vn pour leur *dixainier*, qu'ils appellent *decanus*: & lors que la planette n'a nulle dignité, ils disent qu'elle est *fatal*, car ils luy donnent diuers degrez de debilité, à sçauoir 5. quand il est hors de sa maison, 5. dans son exil, & 4. dans sa cheute.

Ils appellent l'amas de toutes, ou de plusieurs de ces dignitez *le Chariot*, & *le Throsne royal*; & quand la planette est aussi éloignée du ☉, ou de la ☾, comme sa maison est éloignée de leur maison, ils appellent cette dignité *Almugée*, ou *Respons*, laquelle n'a qu'vn degré de force. Chaque planette a aussi vne vertu particuliere dans chaque signe, car ♄ apporte plusieurs maux dans le Belier; dans le ♉, il priue de l'heritage paternel, & dans sa maison il [illegible] dans celle de ♃ il fait acquerir la perte, de sorte que s'il est direct, il accomplit ce qu'il promettoit: s'il est retrograde, [illegible], & s'il est stationnaire, il le retarde [illegible]

Ils comparent encore les planettes les vns aux autres, afin d'establir leurs aspects, dont le *Sextil* & le *Trine* sont benefiques, le *Quadrat* & l'*opposition* sont malefiques, & la *Conionction* est entre-deux : & prennent leurs dignitez, & leurs debilitez accidentelles de ces aspects, comme ils ont pris leurs dignitez essentielles des autres considerations, dont nous auons parlé deuāt : Car l'aspect △ des planettes benefiques à 4. degrez de force, auec le ☉, & ♀, 3. auec la Lune 2. & auec les malefiques, c'est à dire auec ♄, & ♂, 1. & l'aspect ✶ en a tousiours vne moins que le △ : le □, des malefiques a 4. debilitez, & 5. auec le Soleil : mais les aspects malefiques des planettes benefiques n'ont nulle dignité.

Or les aspects ne sont pas tousiours *partils*, c'est à dire exacts & iustes : car ils sont souuent *platiques*, & l'espace qui precede le vray aspect, s'appelle *application*, comme celuy qui suit, & qui se fait par la planette la plus viste, se nomme *separation*. Ils prennent encore d'autres dignitez, ou debilitez des planettes, lors qu'ils sont dans le *Cazimi*, ou dans le cœur du Soleil, c'est à dire qu'ils luy sont conioints, & qu'ils sont *brulez*, ce qui arriue tandis qu'ils ne sont pas éloignez de plus de 6. degrez du Soleil, ou qu'ils sont *hypanges*, c'est à dire entre le 16. degré.

Ie laisse plusieurs autres diuisions des planettes en *Orientaux*, ou dextres, & *Occidentaux*, ou gauches, & en *directs*, *retrogrades*; *legers*, *tardifs*, &c. afin d'adiouster ce qu'ils estiment dauantage, à sçauoir que chaque planette se resiouït dans sa maison, dans laquelle il est le principal significateur, comme est ♄ dans la 12; ♃ dans l'onziesme, ♂ dans la 10. le Soleil dans la 9. ♀ dans la 5. ☿ dans la 1. & la ☾ dans la 3.

En apres ils ont des forces differentes dans les differentes maisons, dans lesquelles ils se rencontrent: Car ♄ & ♂, font la vie courte dans la 1. ♃ & ♀ la donnent longue: le ☉ donne les commendements; ☿ la science, & la Lune les voyages: ♄ & ♂ donnent la pauureté dans la 2. dans laquelle ♃ & ♀ donnent les richesses: le ☉ la beauté, & ☿ la faueur, &c.

A quoy ils adioustent la teste, & la queuë du Dragō qu'ils marquēt de ces caracteres, la partie de la fortune, qu'ils marquent ainsi ⊕; & qui est la partie du Zodiaque, dans laquelle (en contant depuis le Belier) tombe le nombre composé du degré qui s'éleue, c'est à dire de l'Horoscope, & de la distance du Soleil à la Lune: car la teste du Dragon donne l'honneur dans la 1. la queuë y blesse l'œil., & ⊕ fait que l'on est heureux aux ieux, & aux contracts.

Or le planette qui à le plus grand nõbre de dignitez, est le seigneur de la figure, & de l'année, lors qu'elle est dressée au commencement du printemps; & lors qu'il à plus de dignitez dans le commencement d'vn signe, il est seigneur de la maison: & s'il est dans le premier degré, ils le nomment *Almuten*, c'est à dire disposicteur de la maison; & c'est suiuant cette doctrine, qu'ils disent *le Seigneur de l'ascendant*, de l'Horoscope, &c. Ie laisse la domination & l'empire, qu'ils leur dõnent sur les heures, sur les âges, & sur les estats, &c. comme lors qu'ils disent que ♄ preside à l'agriculture, ♃ à la politique, ♂ à la guerre, le Soleil aux honneurs, ♀ à l'amour, ☿ à la marchandise, & la ☾ aux voyages.

Parce que ie croy que les fondemens

de leur doctrine, que i'ay rapportée iusques à present, sont assez ridicules pour faire voir leur vanité, & la fausseté de toute l'Astrologie Iudiciaire. Car qu'elle apparence y à il que le Belier soit de la nature du feu, puis qu'il donne tant de pluyes; & que l'Ecreuisse soit de la nature de l'eau, souz lequel nous endurons de si grandes chaleurs?

Peut-on desirer vn plus grãd tesmoignage de la folie des Astrologues, que quand on considere les bestes qu'il mettent au Ciel pour nous rendre gras, ou maigres: pourquoy le Belier est-il plustost masle que le ♉, qui est plus chaud? & pourquoy le Belier preside-il plustost à la teste que le Lion, ou l'Ecreuisse? pourquoy les Poissons president ils aux pieds, veu qu'ils n'en ont point, & qu'ils sont ioints au Belier?

La preference qu'ils leur donnent sur la suitte des années, & sur les villes n'est pas mieux establie, car le Ciel, ou la terre estant mobiles, vn signe n'influë pas dauãtage sur vne Prouince, ou sur vne ville, que sur l'autre, qui à mesme latitude, & neantmoins ils assuiettissent vne Prouince entiere à vn signe, & les villes de cette mesme Prouince à d'autres signes.

Certainement il n'y à nulle raison pourquoy vn planette a plustost vne maison de la figure, que toutes les maisons, puis qu'il n'y à nul iour dans lequel chaque planette ne se rencontre dans toutes lesdites maisons. En apres si le Lion est la maison du Soleil, pourquoy le signe prochain n'est-il celle de ♂, puis qu'il est le plus chaud? pourquoy le Soleil, & la Lune n'ont-ils chacun qu'vne maison, puis que les autres planettes en ont chacun d'eux? pourquoy la maison de la Lune humide n'est elle pas dans le Verseau opposé au Lion? & qu'elle a; peut-estre, esté crée à l'opposite du ☉? quoy que Firmicus croye que le Soleil a esté crée au 15. du Lion, & ♀ au 15. du Verseau; ce qui ne peut estre, puis que ♀ ne se peut éloigner du Soleil que de deux signes.

Les exaltations sont semblablement mal establies, puis que les *absides* se chāgent, & qu'elles deuroient plustost estre dās la maison des planettes qu'ailleurs: car il n'y à nulle apparence d'exalter ♂ dans la maison de ♄, ni ♄ dans celle de

♂; & ♀ n'a rien de commun auec le Taureau, signe terrestre, dans lequel ♄ a sa maison, & ♂ son exaltation.

Quant aux *decanats*, ils sont tres-mal fondez, car si le Belier est la maison de ♂, pourquoy luy ostent-ils les deux tiers pour les decanats de deux autres planettes; & pourquoy bannissent-ils ☿ des ♊, c'est à dire de sa maison, pour en donner la premiere partie à ♃, la 2. à ♂, & la 3. au Soleil? ie laisse les fins, ou des termes, puis qu'ils sont encore plus ridicules.

Mais il n'est pas necessaire de refuter les positions des Astrologues, d'autant qu'elles se destruisent elles-mesmes: Car si ♂ brusle, parce qu'il est rouge, & que ♄ refroidisse, parce qu'il est pasle, il faut dire que l'écarboucle brusle, & que la chaux refroidit: si ♂ brusle, d'où vient que l'on ne sent point sa chaleur à l'Hyuer, lors qu'il est a *croniche*, & que l'on n'experimente point le froid de ♄ à l'Esté?

Or il faut remarquer que ♄ n'est pas pasle, comme croyent les ignorans, qui ne parlent que par liure, & par preoccupation, dont ils ne seront plus trompez, lors que le Ciel leur aura monstré qu'il est tres-luisant. Certainement il n'y à nulle raison pour laquelle l'õ puisse dire qu'il y a des planettes malefiques, & d'autres benefiques, ny mesure aucune, dont ils puissent mesurer la quantité, ou la qualité de leurs dignitez, ou de leurs foiblesses; & ce qu'ils disent des aspects a esté pris sur les differentes figures de la Lune, qu'elle fait paroistre suiuant les differents rapports qu'elle a auec le ☉, & puis il n'y à pas plustost 5. aspects que 7. que 9. que 13. ou 15. & Kepler adiouste le *Biquintil*, le *Tredecil*, &c.

Voyons maintenant comme ils trouuent le temps, auquel les accidens doiuent arriuer à l'enfant, ils se seruent de la *direction*, de la *reuolution*, des *profectiõs annuelles*. & des *transitions*. Or la direction se fait entre deux points du Zodiaque de la figure, dont l'vn est le *significateur*, & l'autre le *prometteur*. Ils font le significateur mobile, afin qu'il approche peu à peu du prometteur immobile, & que l'effect arriue lors qu'il l'aura atteint, parce qu'il est promis. Or ils dirigent, & content le progrez du significateur, & du prometeur sur l'equateur, sur lequel les deux poincts susdits se rencontrent par le moyen des cercles de declinaison : car diriger n'est autre chose que chercher l'arc de l'equateur, qui est entre le significateur, & le prometteur.

Quant au progrez, il fait vn degré dans vne année, 5. minutes dans vn mois, & 10. secondes dans vn iour, afin que cet arc enseigne combié de temps apres la naissance, c'est à dire à qu'el année de l'enfant, l'effect doit arriuer.

Mais il faut diriger des poincts differents selon les differéts effects que l'on cerche : par exemple, le ☉ pour l'estat de la vie, & pour les dignitez : la Lune pour les affections de l'esprit : l'Horoscope pour la santé, & pour les voyages, le milieu du Ciel pour les amis ; la ⊕ pour les richesses : & pour sçauoir combien l'enfant doit viure, l'on prend vn poinct, que l'on appelle *prorogateur, emisseur, Seigneur de la vie, Hylech, Alchocoden, Aphete, &c.* c'est à dire le planete qui à plus grand nombre de dignitez, & vn moindre nombre de debilitez dans les lieux *hylegiels*, à sçauoir dans la 1. 10. 11. 7. ou 9. maison.

Or l'on prend ordinairement le Soleil pour les naissances qui se font de iour, & la Lune pour celles de la nuict; & lors qu'il ne se rencontre nul planette dans lesdits lieux, l'on se sert principalement de l'Horoscope: & pour trouuer la mort, l'on dresse *l'Aphete* à *l'Anarete*, c'est à dire ledit point à *l'interfecteur*: par exemple à ♄, à ♂, ou à leurs rayons malefiques, ou au dispositeur de la 8. maison. Ceste direction est appellée *directe*, lors qu'elle se fait selon la suitte des signes, comme il arriue quand on vse de l'Horoscope, ou du milieu du Ciel, &c. & *Conuerse*, lors qu'elle se fait contre l'ordre des signes, côme il arriue à la ☊, & aux planettes retrogrades.

La *Reuolution* est l'erection d'vne figure que l'on fait, lors que le Soleil se rencontre au mesme point du Zodiaque où il estoit à la naissance. Car si l'Horoscope de cette figure regarde celle de la naissance d'vn bon aspect; l'enfant se portera bien toute l'année; & si l'aspect est mauuais, il se portera mal: si les planettes ont vne contraire dispositiō à celle qu'elles ont à la natiuité, l'enfant court vn grand peril; & si la Lune se trouue au lieu, où estoit ♂ à la natiuité, il épousera vne vieille.

La *Profection annuelle* est le progrez que fait la pointe, ou l'angle de chaque maison, & chaque point de la natiuité par le Zodiaque: or ces points font chaque année 30. degrez, afin que la profection recommençe de 12. en 12. ans, dans lesquels ils iugent bien, ou mal de l'enfant selon les bons, ou mauuais aspects, qui se rencôtrent dans ce temps, & qu'ils predisent tous les ans, dont le 4. est dangereux, parce que l'Horoscope arriue à la 4. maison, qu'il regarde d'vn aspect □, & le milieu du Ciel d'vn aspect opposé. En apres il paruient à la 7. qu'il regarde d'vn aspect opposé, & le milieu du Ciel d'vn aspect quadrat.

Ie laisse tout ce qu'ils disent des années *Climateriques*, & des Seigneurs des Septenaires ou *Affridaires*, qu'ils appellent *Chronocrateurs*, puis qu'il n'y a nulle raison pourquoy la Lune preside à la premiere année, ☿ à la 12. ♀ à la 3. &c.

Or ils font recommencer la Lune au 8. Septenaire, qu'ils appellent dangereux, parce que l'*Affridaire* châge l'empire de chaque planette.

La *Transition* se faict, lors qu'vn planette : par exemple la Lune, passe par les lieux de la figure, où estoit ♄, ♃, &c. ou l'Horoscope, ou par le lieu, qui estoit Trin, ou quadrat à ♂, ♀, &c. ou Trin à l'vn, & quadrat à l'autre, dautāt qu'ils croyent qu'il arriue de notables changemens dans ces passages, dōt ils vsent pour determiner le temps, & particulierement le iour, & l'heure. Car l'effect est plus grand selon les differens passages, & rapports, qui se rencontrent entre tous ces points.

Ce sont là les principaux fondemēts de l'Astrologie Iudiciaire, dont la vanité est si euidente, qu'il suffit de les auoir expliquez pour les refuter. Car pourquoy la direction se fait-elle plustost sur l'équateur que sur l'ecliptique, qui est le lieu principal des planettes? pourquoy plustost contre la suitte, que selon la suitte, & l'ordre des signes? pourquoy donnent-ils seulement vn degré à chaque année? si l'homme viuoit 360. ans, ils auroient quelque conjecture, dont ils sont entierement destituez: car qu'elle apparence y a-il que ce point de la natiuité retienne sa force, iusques à 30. & 40. ans; quelle proportiõ, ou rapport y à-il du milieu du Ciel de la 60. année auec celuy de la natiuité; & quelle apparence y a-il que le destin de cette année depende du rapport de ces aspects? ces points se conoissent-ils l'vn l'autre? pourquoy la reuolution ne se fait-elle aussi bien des autres planettes, & particulierement des fortunes, ou infortunes ausquelles ils attribuent de si grandes vertus, comme elle se fait du Soleil? pourquoy dõnent ils 30. degrez à chaque année, & pourquoy ne reduisent-ils le Zodiaque à l'Equateur dans la profection?

Les *Alfridaires* sont encore plus ridicules, puis qu'ils font regir chaque planette à chaque Septenaire, ou sepmaine d'années, & qu'ils ne s'accordent pas eux-mesmes sur ce suiect. Car Ptolomée donne 4. ans d'empire à la Lune, 10. à ☿, 8. à Venus, 19. au ☉, 15. à ♂, 12. à ♃, & ce qui reste iusques à la mort, à Saturne.

Quant aux questiõs, & aux elections, les Astrologues promettent les solutiõs de toutes choses; par exemple, s'il s'agit du mariage, Venus & la Lune sont

feminins; & la 7. maison auec son significateur parlent tousiours des femmes; & lors qu'ils ont consideré les autres maisōs, les planettes, les decanats,
les fins, &c. ils disent si l'enfant sera
veuf, s'il épousera vne femme riche, ou
pauure, & si elle doit viure peu, ou lōg-
temps.

Ie laisse les autres maisons, par lesquelles ils predisent si l'enfant sera Charpentier, Maçon, Aduocat, &c. afin de
dire vn mot de ces elections, par lesquelles ils tiennent qu'il ne faut pas prendre medecine, lors que la ☾ est au Bel-
lier, [illegible] Capricorne, de peur de la
rejetter, [illegible] signes ruminans;
[illegible] que les Nauires ne doiuent pas
partir, lors que ♂ est au milieu du Ciel,
parce qu'il preside aux Pyrates; Ils veulent aussi que l'on considere si le signe
qui monte, s'il est fixe, ou mobile, auant
que de planter les arbres, de peur qu'ils
[illegible]; que l'on oste l'enfant de
la mammelle, lors qu'vn signe humain
monte, quand on le veut rendre deli-
cat; & si on veut qu'il ayme sa chair,
lors que [illegible] monte; que sous l'Eq
[illegible] poisson, en qui au-

riuera semblablemẽt souz les Poissons: mais il aymera les legumes, souz la premiere partie du Capricorne, du Belier, & du Taureau.

1. Lors qu'on luy donne vn maistre, ils veulent que ☿ regarde benignement la Lune en son croissant; que la Lune soit en aspect sextil auec le ☉, ou auec le Seigneur de la 10. maison, lors qu'on va saluer vn Prince, ou vn Roy: que l'on aille à la chasse souz vn signe mobile, dans lequel il n'y ait point de planete retrograde: que l'on essaye les habits souz vn signe mobile, dans lequel la ☾ se rencontre, de peur que les vestemens durent plus long-temps que le corps.

Ie laisse la natiuité des Villes, & les presages qu'ils en tirent, car ils sont si ignorans qu'ils mettent ☿ dans le Scorpion, & le ☉ dans ♉ à la naissance de Rome, comme l'on peut voir dans Solin; & neantmoins ☿ ne peut s'esloigner du Soleil, que de 28. degrez. Ie laisse semblablement les electiõs de l'heure pour grauer les cachets, & les Talismans; & mille autres resueries, qui ne peuuent entrer dans vn bon esprit.

Certainement les excellens personnages

nages n'ont iamais faict d'estat de l'Astrologie, comme l'on peut voir dans Ciceron au 2. liure de la diuination; & plusieurs croyent que Ptolomée n'est pas l'Autheur du Quadripartit, ou qu'il a seulement fait vn abregé des resueries des Ægyptiens, afin de satisfaire à la curiosité de quelques vns de ses amis: Car quelle apparence y a-il qu'il n'ayt osé traiter de la Physique, à raison de son incertitude, comme il témoigne dans la preface de son Almageste, & qu'il ayt traicté de l'Astrologie qui n'a pas seulement de la probabilité pour establir ses fondements?

De là vient que Cardan asseure dans son Epistre sur le Quadripartit, que les Autheurs, dont Ptolomée a puisé son liure, ont esté des imposteurs, qui ont tout corrompu; ce que l'on peut semblablement dire de Cardan, d'Origan, & de tous les autres, puis qu'ils n'ont pas plus de raison qu'eux.

Or il y a grande apparence que les hommes, qui ont voulu paroistre plus sçauants que les autres, ont inuenté toutes ces fables, afin de gaigner de l'argent, ou d'acquerir l'amitié, & la fa ueur des grands; & parce qu'ils n'auoiët nulle raison, ils ont eu recours aux experiences: par exemple, que Nigidius ayant veu la natiuité d'Auguste, il luy predit qu'il seroit seigneur de l'Vniuers: qu'Asclerió predit de soy-mesme qu'il seroit mangé des chiens; que Pic de la Mirandole est mort l'an 32. de son âge, à raison de la direction de l'Horoscope au corps de Mars, comme remarque Gauric.

Ie laisse plusieurs autres experiences, dont ils se vantët pour abuser les ignorans, puis que iamais nul Astrologue n'a fait les obseruations necessaires pour establir des regles sur ce sujet, car il faudroit pour le moins auoir 2. experiences de 2. enfans, qui fussent nez souz vn mesme aspect du Ciel, ce qui n'est encore iamais arriué: par exemple, les Chaldeans n'öt peu voir deux fois vne natiuité, dans laquelle l'Horoscope ayt esté le premier degré du Belier, le Soleil estant au commencement de l'Escreuisse, la Lune au 20. du Verseau, & ♄ à la fin du Taureau: Et iamais l'on n'a veu 2. fois les planettes en mesme aspect, en mesme latitude, & aux mesmes lieux de leurs Epicycles. En apres, ils n'ont point connu les planettes, qui sont à l'entour de ♃, ni les 2. de ♄, ny les taches du Soleil, qui peuuent varier les effects qu'ils promettent.

D'ailleurs, encore que cest art eust esté veritable en Ægypte, il ne seroit pas veritable en ce climat, ny dans la sphere parallele, où nul degré de l'écliptique ne se leue, ny ne se couche, & où consequemmẽt nul signe ne peut seruir d'Horoscope, de milieu du Ciel, ou d'autre maison. En apres, il y a tousiours quelque partie de l'ecliptique dans la Zone froide, qui ne se leue iamais, & qui est tousiours cachée souz l'horizon, & quelque partie qui est tousiours sur l'horizon, & qui ne se couche iamais, de sorte que cet art ne peut seruir qu'entre les Tropiques, c'est à dire dans la Zone torride, & dans les temperées.

A quoy l'on peut adiouster que tout ce que l'on dit icy des Astres, se trouue autrement au dela de l'Equateur, où le Belier est le commencement de l'Automne, & où le Lion gele, au lieu qu'il nous brusle : Car s'ils répondent que la

Balance doit estre prise en l'autre partie du monde pour le Belier, & le Capricorne pour l'Ecreuisse, &c. il faut qu'ils confessent que les exaltations, & les cheutes des planettes , & toutes leurs autres fantaisies s'en võt par terre.

Mais il n'est pas necessaire d'aller par dela la ligne pour cõuaincre leurs fondemens de nullité & d'erreur, puisque nous experimentons que le mesme climat produit des choses si differentes en mesme temps.

En apres que peuuent-ils répondre aux Topinamboux, qui viuẽt 200. ans, & dont les femmes engendrent par dela 90. ans; & où tout ce qu'ils disent des richesses, des femmes, &c. est tres-faux, puis qu'ils ont toutes choses en commun, & qu'ils n'ont point d'Arts, ni de mestiers semblables aux nostres?

Certainement si l'on considere la diuersité des manieres de viure qui sont au monde, & la confusion des accidẽs, qui arriuent durant la guerre, & qui n'arriueroient pas durant la paix, l'on confessera que toute l'Astrologie est ridicule , & qu'elle ne contient autre chose que des fables.

Quant aux experiences, dont ils se vantent, Ciceron au liure 2. de la Diuination, & Sextus ab Heminga auec plusieurs autres s'en mocquent, & celuy-cy monstre par 30. natiuitez d'hõmes Illustres, qu'elles sont fausses: Car Henry II. mourut à 40. ans accomplis, d'vne blesseure qu'il receut dans l'œil, cõtre ce qui luy deuoit arriuer, suiuant la 4. figure de Sextus, quoy que Gauric, & Cardan luy promissent l'Empire, à raison du Soleil, de la Lune, & de ♀ dãs l'Horoscope.

Rodolphe Camerarius s'est aussi trompé à la mort d'Henry IV. qu'il auoit predite deuoir arriuer l'ã 1603. au mois d'Octobre, comme l'on peut voir dans sa 76. natiuité, car il le menace du danger de sa vie l'an 59. 4. mois, & 21. iours: or il estoit né l'an 1553. le 24. Decembre, deux heures apres minuit; & la raison qu'il en apporte est que le Soleil arriuoit par la direction au corps de ♄, l'Horoscope au □ du mesme ♄ & le milieu du Ciel au □ du Soleil.

Ie laisse plusieurs autres choses qui sont si fausses dans leurs experiences, qu'ils ne sçauroient les lire sans rougir de honte, & sans aduoüer qu'il n'y a nulle regle dans toute l'Astrologie, qui n'ayt esté inuentée fortuitemẽt, & sans aucune raison. Et les erreurs que Cardan a fait dans sa propre natiuité, font assez voir leur ignorance: car il met ♄ au 21. des ♊, qui estoit dans le 18. & ☿ dans le 23. de la Balance, qui estoit dãs le vingt-sixiesme.

Il se trompe d'vn signe entier dans la figure de Iean Checi, lors qu'il place ♂, & Tycho remarque dans la 777. page de la nouuelle étoile, que Cardan fait naistre Luther l'an 1483. à 10. heures du matin, & que Gauric le fait naistre l'an suiuant à vne heure, encore qu'il soit nay à onze heures, & que l'vn & l'autre se soient trompez de 12. iours: Car il nâquit le 10. de Nouembre, & non le 22. comme ils disent, & neantmoins ils trouuent leur conte, & accommodent les accidens de sa vie à leur natiuité feinte, & fausse: de sorte qu'il faut estre plus stupide que la plus lourde beste du monde pour croire, & pour s'amuser à leurs regles.

Ce qu'il semble que Cardan ayt recõneu, lors qu'il a dit au chap. 6. du liure des Iugemens, qu'à peine se rencontre-il 10. choses veritables de 40. que l'on predit ; il pouuoit dire qu'à peine s'en rencontre-il vne vraye de 4000.

Or il aduouë pour le moins que le mensonge est 4. fois plus grand que la verité, & luy-mesme se trompe grandement dans la natiuité d'Edoard VI. Roy d'Angleterre, qu'il met la premiere des 12. qu'il fait : car il luy predit des maladies à l'an 23. 34. & 55. & neantmoins il mourut à 16. ans, quoy que Cardan eust employé cent heures à dresser cette natiuité.

Il faut encore remarquer qu'ils demandent tousiours si l'enfant, dont on leur parle, est vn masle, ou vne femelle, si les parens sont riches, ou pauures, & qu'ils répondent ambiguëment, & en general, afin que si ce qu'ils disent n'arriue pas, ils puissent expliquer chaque chose à leur aduãtage ; & lors que leurs menteries sont si euidentes qu'ils ne peuuent les pallier, ils disent qu'on à failly à prendre la vraye heure de la natiuité, qu'il la faut corriger, & qu'il faut vser d'vne autre maniere de directiõs.

Ie laisse plusieurs autres échapatoires qui sont indignes d'vn honneste hõme, par ce que la principale faute de cette fable vient de la stupidité de ceux qui se laissent abuser trop aysément. Ce qui arriue lors qu'ils sont portez d'amour, de haine, de desespoir, ou d'autres passions, qui leur font croire que s'il arriue quelque chose de ce que l'Astrologue a predit, que son arrest est diuin.

Mais lors qu'ils considereront que le Soleil, & les autres Astres ne luisent pas dauantage pour les Roys que pour les bergers, & qu'ils roulent aussi bien pour tous les animaux que pour eux, quoy que le destin des bestes soit bien éloigné du leur, ils auront honte d'auoir esté de si legere croyance, & ne s'amuseront pas à ce que disent les Historiens tant anciens que modernes, qui ont esté curieux de ramasser les bruits qui courent, & qui donnent souuent des contes pour des histoires, parce qu'ils sçauent que ces choses là sont biẽ receuës du peuple, & que ces bourdes sont leuës auec plaisir, & attention.

L'on peut voir dans Plutarque qu'Octaue & Marius s'estant fiez aux Astrologues, celuy-la fut trompé: qu'ils predisent mille choses aux Princes pour les flater, côme lors qu'ils predirent l'Empire à Auguste, quoy que cela ne peust arriuer que par la mort de Cesar, & de Pompée, à qui ils auoient promis vne longue vie, au rapport de Ciceron dans le 2. de la diuination.

Où il faut remarquer, que Scaliger maintient dans sa preface sur Manile, qu'Auguste n'est pas nay souz le Capricorne Horoscopant, mais plustost souz le signe opposé; Quoy que s'en soit, combien en voit-on qui naissent souz l'vn, & l'autre signe, & qui neantmoins ne sont ny Princes ny Roys, mais de pauures vignerons? delà vient que Cardan n'a pas promis vn Empire à Cosmo de Medicis dans sa 4. figure, encore qu'il ayt vne natiuité semblable à celle d'Auguste, mais seulement la prudence; & bien qu'il se soit luy-mesme fait mourir de faim, afin de n'estre pas conuaincu de mensonge dans le iugement de sa natiuité, comme remarque Scaliger dans ladite preface, il n'a pourtant peu predire la mort de Iean Baptiste son fils, qui receut vn coup d'arquebuse estant âgé de 24. ans pour auoir empoisonné sa femme, comme a remarqué Sixtus ab Heminga dans sa derniere natiuité. Quant à Pic de la Mirandole, il est mort estant âgé de 31. an : Et neantmoins Gauric confesse qu'il luy auoit seulement predit la mort auant 36. ans.

Mais ie ne croy pas que l'on puisse parler plus amplement de cet art pretendu sans abuser de la patience dés lecteurs. C'est pourquoy il faut passer à des discours plus veiles, & imiter les medecins, qui tirent les alexipharmaques du poison, & la Theriaque de la Vipere.

COROLLAIRE I.

Ie desire que tout le discours que i'ay fait de l'Astrologie s'entende seulemẽt de celle que l'on nous a donnée iusques àpresent, sans des principes qui puissent contenter l'esprit, car ie ne veux pas nier que l'õ ne puisse sçauoir beaucoup de choses par la contemplation; & le rapport que les corps celestes ont auec la terre, lors que Dieu en aura donné la veritable connoissance à ceux qu'il luy plaira. Et peut-estre qu'il ne se fait riẽ dans les Elemẽs, ni dãs mixtes de la nature qui ne depẽde de la differẽte constitutiõ des Astres, ou qui ne soit signifié par leurs rencontres, & aspects, soit deuant, soit à l'heure que les choses arriuent; mais parce que cela n'est pas certain, & que nous n'auons nul moyen de le sçauoir, c'est perdre le temps que de faire des Horoscopes pour trouuer la qualité du temperament, de l'esprit, ou des autres choses que l'on desire sçauoir.

COROLLAIRE II.

Tous les discours precedẽs n'estoient pas necessaires pour les Geometres, qui ne doutent pas qu'vne centaine de chãdelles d'vn denier dispersées à l'entour d'vne grãde sale, ou d'vne chambre de cent pieds en quarré, ont plus de force sur celui qui est au milieu de ladite chãbre, que n'ont toutes les estoiles du Firmament sur les hommes, puis que les chandelles l'éclairent, & l'échauffent dauantage, & consequemmẽt produisent de plus grandes influences sur luy que lesdites étoiles, ou que Saturne, Iupiter, Mars, Venus, & Mercure. Ce qu'il faut semblablement conclurre de la Lune, qui n'a pas plus de force sur nous qu'vn flambeau de cire qui nous éclaire aussi fort, & aussi long-temps. Mais parce que tout le monde ne se cõtente pas d'vn raisonnement si simple que celuy-cy, il a fallu l'estendre plus au long.

Si les Astrologues considerent que souz l'Equateur, ils n'ont nulle raison qui les fauorise pour mettre l'exaltatiõ du ☉ plustost dans le Lion, que dans le Verseau, ou dans la Balance, que dans le Belier, & que toutes leurs hypotheses, & leurs diuisions manquẽt souz l'équinoctial, ou souz les poles, & qu'ils n'õt iamais fait aucune obseruation si exacte qu'ils en voulussent, ou qu'ils en peussent répondre aussi asseurément que d'vn principe de Geometrie, ou de quelqu'autre science, i'espere qu'ils quitteront cet art, lequel est capable de rendre les hommes les plus sages du monde les plus infames de la terre.

COROLLAIRE III.

I'espere faire voir dans vn autre lieu que la terre enuoye plus d'influences sur la Lune, & sur les autres planettes qu'elle n'en reçoit de toutes les étoiles, & qu'elle n'est tout au plus redeuable qu'au Soleil: d'où l'on conclurra par de nouuelles raisons, que la Iudiciaire n'a point encore de principes qui nous soient connus: & que si ce qui arriue sur la terre, depend des Astres, la connoissance en est tellement reseruée à Dieu, que les hommes ne peuuent raisonnablement la desirer, ny l'esperer iusques à ce qu'il luy plaise de la leur reueler.

QVESTION IV.

A sçauoir si le temperament du parfait Musicien doit estre sanguin, phlegmatique, bilieux, ou melancholique, pour estre capable de chanter, ou de composer les plus beaux airs qui soient possibles.

IL est tres-difficile de pouuoir tellement rencontrer sur ce sujet que l'on ſatisface à tout le monde, car quelque choſe que l'on en puiſſe dire, l'on ne peut produire de demonſtrations Geometriques pour prouuer quel doit eſtre le temperament d'vn parfait Muſicien: car encore que ce temperament fuſt poſſible, neantmoins la difficulté demeure touſiours, qui conſiſte à ſçauoir quel il doit eſtre pour compoſer les plus beaux chants qui ſe puiſſent faire, ou pour les chanter auec toute la perfectiō qui ſe peut imaginer.

Quelques-vns croyent que le melancholique eſt le plus propre de tous pour la Theorie de la Muſique, d'autant qu'il fait ordinairement de ſerieuſes reflexions, qui ſont neceſſaires pour acquerir la connoiſſance de la parfaite Compoſition, laquelle ſuppoſe de profondes meditations ſur toutes les parties de la Philoſophie, & des Mathematiques.

A quoy ils adiouſtent que la terre predomine dans le melancholique, qui ſe porte auec vne plus grande inclination à la compoſition, & à l'ordonnance des tons, que le cholere, le ſanguin, ou le phlegmatique. Ie laiſſe maintenant le temperament parfaitement naturel qu'ils preferent à tous les autres.

Or le cholerique tenant des qualitez du feu, est plus propre pour la destruction, à cause de son actiuité, qu'il n'est pour la composition : Le sanguin est semblable à l'air, lequel ayant vn corps fort rare, & subtil, ne peut contribuer que bien peu de chose à la compositiõ: & le phlegmatique, qui est rapporté à l'eau, n'a pas le corps assez solide, & ne peut pas beaucoup ayder à la composition, à raison de son flus ordinaire, qui ne permet pas que l'esprit s'arreste aux hautes pensees, & aux speculations qui sont necessaires pour ce sujet.

Mais la terre ayant son corps ferme, & solide, est plus propre que les autres elemens pour la composition des choses, c'est pourquoy elle est preferable à la lumiere vacillante du feu, à la transparance de l'air, & à la blancheur coulante de l'eau ; car la constitution corporelle, qui est cause de sa noirceur, luy donne vne inclination naturelle à la cõposition, & rẽd le melancholique propre pour l'inuention, & pour la composition de la Musique.

Au contraire le cholerique est trop

prõpt & trop actif; & n'a pas les organes bien disposées pour arranger les sons, & pour faire de beaux airs. Le sanguin est semblablement trop leger, & trop inconstant; & le phlegmatique n'a pas l'imagination bien temperée à cause de ses froides humeurs, & des superfluitez qui incommodent ses organes, c'est pourquoy ils concluent que le temperament melancholique est le plus propre pour la Musique; ce qu'ils confirment par les voyelles de l'alphabet, qu'ils appliquent aux quatre temperamens; car, disent-ils, la voyelle, E, est la plus propre de toutes pour la composition des consones; dautant qu'elle les fait presque toutes, à raison de la matiere, qui répond à la terre, n'y ayant que H, & K, qui sont formees par la voyelle A, (laquelle a fort peu de matiere à l'égard de l'E,) & Q, qui est formé par V; car I & O estans trop subtiles & deliés, ne composent aucune consone.

Ils attribuent V, au sanguin, parce qu'elle a le corps si rarefié, qu'elle n'a peu composer qu'vne consone. Ils donnent l'I, au cholerique, & l'A, au phlegmatique; qui ne peut paruenir à la parfaicte

faicte composition de la Musique, n'ayant pas sa matiere assez solide pour persister dans le trauail de la Theorie, & dans la speculation de la Musique, comme fait le melancholique, qui a vn particulier rapport à la voyelle E, qui compose B, C, D, G, M, N, P, R, S, T & Z, c'est pourquoy il medite perpetuellement, & fait des reflexions qui sont propres pour paruenir à la parfaicte compositiõ de la Musique, à laquelle les autres temperamens ne peuuent arriuer si aisément.

Et si nous passons de la Theorie, & de la composition des beaux airs à la Pratique, ils disent que le temperamẽt cholerique, & le sanguin y sont plus propres que les deux autres, dautãt que la Musique n'est qu'vn jeu diuersement mesuré, qui sert pour soulager, & pour desennuyer l'esprit: or les sanguins & les choleriques se portent plus facilement à l'exercice des chants, & à toutes sortes de recreations, que les phlegmatiques, ou les melancholiques, qui ont leurs organes, & particulierement leurs voix beaucoup plus grossieres, & plus chargées d'impuretez, à raison de l'humidité, & de la secheresse, qui empeschent le roulement des voix harmonieuses.

De là vient que le melancholique, & le phlegmatique chantent rarement en comparaison des sanguins & des choleres, qui sont plus déchargez d'impuretez, à cause de l'humidité & de la chaleur qui predominent en eux, & qui par consequent ont plus d'inclination à chanter pour se resioüir dans les diuerses rencontres : car chacun suit le mouuement de son temperament, cõme il arriue au melancholique, qui suit le mouuement des ennuis, & de la tristesse, qui luy sont ordinaires, & qui sont fort esloignez des chants & de la joye.

C'est pourquoy les Hebrieux qui rapportent quatre de leurs esprits, ou de leurs lettres aux quatre susdits tempramens, a pp roprientleur *y hain* tres-apre, & tres-rude au melancholique, car il se prononce des narines, & du gosier, comme si l'on prononçoit *gnhain*.

Le phlegmatique a vne grande quantité d'eau corporifiée, & par consequent il approche de la grossiereté du melancholique, & suit les mouuemens froids & tardifs de l'eau, ce que les Hebrieux ont representé par leur esprit, ou par leur lettre ח, qui a la prolation beaucoup plus dure & plus rude que la lettre ה, ou א.

Le sanguin suit les mouuemens subtils de l'air, qui le font chanter plus souuent, c'est pourquoy les Hebrieux luy attribuënt la lettre ה, qui se prononce plus doucement & plus mollement que les deux autres ע *haïn*, & ח *chet*; mais tout ce que l'on rapporte de ces lettres, ou des esprits des lettres & des accents, est fabuleux, & n'a point d'autre fondement que la fantaisie de quelques ignorans, qui veulent que l'on croye qu'ils sont sçauans dans vn certain genre de Cabale, qui n'est que dans leur imagination.

Finalement le cholerique est plus propre pour bien chanter que tous les autres, à raison des qualitez du feu qui se trouuent dans le temperament bilieux, & qui font que le cholere roule plus nettement les chansons, dautant qu'il n'a point d'empeschement du costé de la matiere melancholique, ny de l'humidité phlegmatique, trop cruë, & propre pour les rheumes, & pour les catherres. C'est pourquoy les Hebrieux ont donné leur doux א *aleph* au temperament cholerique, car cette lettre se prononce si facilement, & si doucemẽt qu'elle est presque imperceptible.

Il est donc euident qu'ils donnent le premier rang au bilieux, le second au sanguin, le troisiesme au phlegmatique, & le quatriesme au melancholique, quand il est question de chanter : mais ils en exceptent le cinquiesme temperament, qu'ils comparent à la quintoessence, ou au Ciel : auquel les Hebrieux attribuent leur *iod*, י, & les Latins la voyelle O, dautant que ce temperament contient les quatre autres en eminence, comme le *iod* י contient toutes les lettres de l'alphabet, & cõme le principe contient ses effects. La voyelle O estant ronde contient toutes sortes de figures, & les surpasse, comme le cinquiesme temperament, (auquel le parfait temperamẽt peut estre rapporté, que les Medecins appellent *ad pondus*) contient & surpasse tous les autres.

Quelques autres croyent que le temperament sanguin est le plus propre pour faire & pour chanter les airs, dautant qu'il est le plus ioyeux, & qu'il a vne plus grande ressemblãce auec l'air, qui reçoit & qui porte les chants iusques à l'oreille; mais puis que le chant, dont nous parlons icy, doit estre agreable à tout le monde, si le sanguin estoit propre pour le faire, ou pour le chanter, pourquoy les viandes, qui sont agreables, & propres aux sanguins, ne sont elles pas aussi propres, & agreables à toutes sortes de temperamẽs, en quelque âge, saison, ou Prouince qu'ils puissent se rencontrer; ce qui est contraire aux loix, & aux preceptes des Medecins : car on donne vne autre viande aux vieillards, qu'aux enfans, & vne autre aux pituiteux, qu'aux bilieux.

D'ailleurs, la Musique estant vn ouurage de l'imagination rempli de chaleur, & de secheresse, il ne se peut faire que le sanguin soit propre pour composer le chant dont nous parlons. A quoy l'on peut adiouster que le temperamẽt sanguin n'est pas le plus porté à l'excez du plaisir que la Musique apporte, car

Il n'y a point de temperament plus propre à la Metriopatie, si l'on excepte la passion d'amour : par consequent encore que le temperament sanguin soit le meilleur de tous les autres, pour ce qui appartient aux actions animales, il n'est pas le meilleur pour les actions de l'esprit.

De là vient que les Naturalistes disent que les hōmes sanguins sont doux, benins, gracieux, raillards, & de longue vie, mais stupides & d'vn esprit pesant, & qu'ils ont moins de viuacité que les bilieux, & sont moins aduisez, & industrieux que les melancholiques ; il ne s'ensuit donc pas que le temperament sanguin soit le plus propre pour composer les airs de Musique, bien qu'il soit le meilleur, & le plus propre pour les actions de la vie.

Or cette contrarieté d'opinions fait voir qu'il est trop difficile de trouuer le temperament de l'excellent Musicien, dont nous parlons : neantmoins puis qu'Apollon a esté tenu des Anciēs pour le Dieu de la Medecine, voyons si elle nous pourra donner ce temperament, puisque la complexion n'est autre chose qu'vne harmonie, ou vn accord des quatre simples qualitez elementaires, à sçauoir de la chaleur, de la froideur, de l'humidité, & de la siccité; ou pour mieux dire, vn mélange du chaud, du froid, du sec, & de l'humide.

Il faut donc premierement remarquer que tous les temperamens peuuent estre reduits à deux chefs: car toute sorte de temperament est temperé, ou intéperé, témoin Galien au liure des temperamens: *l'intemperé*, est celuy qui est vicieux, car il empesche les actions en trois manieres, dautant qu'elles sont ou deprauées, ou diminuées, ou abolies. Le *temperé* est *à poids*, & *égalité*, ou *à iustice*; le premier est appellé par les Grecs, εἰς σταθμὸν, & par les Latins *adpondus*, dautant qu'il a portions égales des elemens, de maniere qu'vne qualité ne surmonte point l'autre. Le second est appellé εἰς τὴν δικαιοσύνην ou *ad iustitiam*, qui n'a pas vne égalle portion des elemens; mais c'est luy qui rend tous les corps propres, & habiles pour exercer leurs operations, & se trouue en toutes sortes de personnes plus ou moins temperées, selon leur âge, leur habitude, leur pays, ou leur maniere de viure.

Quant au premier temperament, Auicenne, Auerroës, & les autres Arabes, disent qu'il ne se peut rencontrer, dautāt qu'vn corps mixte qui doit agir, ne peut estre composé de qualitez qui soient égales, & contraires; neātmoins Galien est de contraire aduis dans le liure *de Sanitate tuenda*, chap. 1.2.& 3. Car il maintient que cette égalité se rencōtre en la peau interieure de l'extremité des doigts d'vn homme temperé à iustice, ceste peau n'estant chaude & humide comme la chair, ny froide & seche comme le nerf, mais comme vn nerf charneux; car puis qu'elle est l'organe du toucher, elle doit estre exempte de toutes qualitez estrangeres, afin qu'elle iuge parfaitement des qualitez qui se peuuēt toucher, ou plustost que le sens commun ayant receu les images des qualitez par le moyen de la peau, que les Grecs appellent *Derme*, en soit le Iuge, car les sens exterieurs ne iugent pas de leurs objets, cette action estant trop subtile, & trop releuée pour eux: mais il est necessaire que les organes des sens soient bien disposez; autrement le sens commun est souuent deçeu, comme il arriue à ceux qui ont la iaunisse, & qui voyent les objets semblables à la teinture de la cornée; c'est pourquoy si le sens du toucher n'estoit parfaitement temperé, il ne pourroit faire vn fidelle rapport au sens commun du froid, du chaud, & des autres qualitez.

Or pour mieux entendre cecy, il faut remarquer qu'il y a deux sortes de temperamens à poids. L'vn *ad aequalem*, qui a vne égalité de portions elementaires; c'est à dire, qu'vn homme temperé en cette façon, auroit vn pied cube de feu, & autant d'air, & d'eau, supposé qu'il eust vn pied cube de terre en sa composition, ou dans sa masse sanguinaire, qui contient les quatre premieres qualitez; ou bien chaque partie peseroit autant l'vne que l'autre, encore que leurs grādeurs fussent inegales; c'est à dire que s'il y auoit vne liure de sang, il y auroit vne liure de phlegme, de bile, & de melancholie, qui feroient quatre liures pour toute la masse du sang.

Tous les Medecins asseurent que ce temperament ne se peut trouuer, d'autāt que le feu destruiroit les autres elemens, ce que ie ne voudrois pas leur accorder, qu'ils ne m'en eussent donné de bonnes raisons: car il ne se faut pas imaginer que la qualité, qui répond au feu dans le sang, ou dans le temperament de l'homme, soit vn feu dissipant & destruisant, semblable à nostre feu artificiel, mais il est pur & celeste, tel que nous l'imaginons dans l'ether, ou dans les Cieux.

L'autre temperament *ad pondus*, est appellé *ad vires*, & est faic des vertus ou qualitez des elements temperez, tel qu'il se rencontre dans la peau de la main, comme i'ay dit, & au changemēt qui se fait d'vne complexion chaude & humide, dans vne froide & seiche, estāt necessaire de passer par le milieu bien temperé pour arriuer à l'autre extremité; ce que ie ne leur accorde pas aussi, car il se trouue quantité de choses qui peuuent passer d'vne extremité à l'autre, sans passer par le milieu: Par exemple, on passe d'vn son donné à l'Octaue, à la Quinte, à la Tierce, & la Douziesme, auec les flustes, les trompettes, les Orgues & les voix, sans passer par les sons du milieu, comme i'ay remarqué ailleurs; ce qui arriue aussi aux angles qui se font par le cercle, & par sa tangente, comparez aux angles faits par la mesme tangente, & par le diametre, ou par le diametre auec le cercle. Mais ie ne veux pas m'étendre plus amplemét sur ce sujet, afin de venir à la conclusiõ, qu'ils tirent de ce qui a esté dit, à sçauoir que le parfait Musicien doit auoir le temperament *ad vires*, dautant que Galien enseigne au second liure des Temperamens, & au premier liure *de sanitate tuenda*, chap. 6. que celuy qui est tres-temperé, est tres-prudent, tel que doit estre le parfait Musicien.

De plus, celuy qui a acquis le degré de perfection, est courtois, amiable & affable; il n'est trop cholere, ny trop gay, ny trop triste: il est doux, humble, patient au trauail, ayant vne moderation dans ses mœurs, & en ses actions, qui est proportionnée à la beauté de son corps, ou à la perfectiõ de son temperament.

Les autres complexions ont leurs vices, & leurs imperfections: car le sanguin est trop gay, & ne demande qu'à rire & à sauter, comme Galien a remarqué dans son Commentaire sur le liure qu'Hipocrate a fait des humeurs : le bilieux est trop courageux, trop fascheux, & trop cholere : le melancholique est soupçonneux, difficile à appaiser, & à corriger, & trop triste & craintif, comme dit Hipocrate en ses Aphorismes : le pituiteux est paresseux, assoupy, & oublieux, le phlegme n'estāt pas propre pour rendre vn hōme ingenieur, à raison de sa froideur, & de son humidité ; c'est pourquoy toutes ces quatre complexions estans vicieuses, comme témoignent les âges, les saisōs, & les pays ausquels les humeurs dominent, il faut choisir le temperament *ad pondus*, expliqué comme nous auōs fait, si nous voulons trouuer vn parfait Musicien ; car encore que chaque humeur ait quelque chose qui puisse seruir à la perfection du Musicien, neantmoins chacune a sō vice, & nulle ne peut estre comparée à la perfection du temperament *ad vires*, qui contient en vertu & en éminence, tout ce qui peut y auoir de perfection dans les autres.

Or apres auoir parlé du temperament qui est requis pour faire vn parfait Muſicien, il faut dire quelque choſe de la proportiõ que les humeurs ont enſemble; & partant ſuppoſer qu'il ſe rencontre trois ſortes d'humeurs dans le corps humain, dont les vnes ſont alimentaires, comme celles qui ſont contenuës dans les veines, & qui font la maſſe du ſang; les autres ſont des excremens vtiles, nõ pour la nourriture, mais pour d'autres vſages deſtinez par la nature; car la bile eſt contenuë dans la veſicule, qui eſt attachée au foye, pour ſeruir à faire vuider les excrements; & la melancholie eſt dans la rate pour y eſtre élabourée, & de là portée dans l'eſtomach par le conduit que l'on appelle, *vas breue*, afin d'exciter l'appetit.

Il y a vn autre humeur ſereux, qui eſt inutile pour la nourriture, mais il eſt tres-neceſſaire pour détremper le ſang trop épais, qui ne pourroit autrement eſtre porté dans les veines capillaires.

Les autres humeurs ſont contre nature, & cauſent les maladies, dont l'vne eſt la melancholie, qui prouient d'vne chaleur pourriſſante, & tournée en cendre; l'autre eſt engendrée de la cholere vitelline, & la 3. du phlegme pourry dans les veines.

Le phlegme contre nature eſt celuy qui eſt aigre, ou ſalé dans les veines, lequel eſtant hors des veines, eſt ſubtil, ou viſqueux, ou vitreux, ou gypſeux.

La cholere qui ſ'engendre és veines ſ'appelle *vitelline*, & dans le ventricule *porracée*: l'érugineuſe eſt de couleur de paſtel, & eſt appellée *iſatodes*: il y en a encore vn autre qui eſt rouge. Cecy eſtant poſé, voyons la perfection des humeurs alimentaires qui font la maſſe du ſang, qui eſt compoſée de quatre parties, comme nous monſtre le laict compoſé de quatre ſubſtances, à ſçauoir du beurre, qui retient deux ſubſtãces qui répõdent à la bile & au ſang; du fromage, & du petit laict: & l'exemple du vin rapporté par Galien, car la fleur repreſente la cholere, qui eſt la plus ſubtile des humeurs, & qui paroiſt touſiours au deſſus de couleur d'or, & luiſante.

La lie repreſente l'humeur melãcholique, qui eſt touſiours au deſſous, à cauſe de ſa peſanteur, car elle eſt la lie du ſang. La verdeur, ou aquoſité du vin eſt ſemblable au phlegme: & la pure liqueur du vin repreſente le ſang: par où il est aisé d'entendre la distinction des humeurs, qui consiste dans leur couleur, saueur, vsage & autres semblables proprietez. Or leur proportion peut estre connuë par la saueur, qui est douce au sãg, amere à la bile, fade au phlegme, & aigre & picquãte dans l'humeur melancholique : Car l'experience fait voir que si sur vne chopine, ou sur vne liure de quelque liqueur douce, l'õ adiouste huict onces de liqueur fade, quatre de liqueur aigre, & vne d'amere, & qu'on fasse boüillir le tout auec vn feu moderé correspondant à nostre chaleur naturelle, douce, & benigne, & plustost semblable à l'elixation, qu'à l'assation, qu'il se fera vne liqueur douce de ces liqueurs meslées ensemble; par consequent il se doit trouuer vne telle proportion dans la masse du sang composée de doux, d'insipide ou fade, & d'amer ou d'aigre.

Cecy estant posé, toutes les Consonances des Pythagoriciens, qui se trouuent dans le nombre quaternaire, se rẽcontrent aussi dans le temperament d'vn parfait Musicien, car la double Octaue est d'vn à quatre, la Douziesme d'vn à trois, & l'Octaue d'vn à deux, la Quinte de deux à trois, & la Quarte de trois à quatre, de maniere que ce temperament est Harmonique.

Or ceux qui trouuent que le temperament sanguin est le plus excellent & le pl' propre pour faire de beaux chãts, soit que les chansons doiuent estre sanguines & iouiales, ou bilieuses & choleriques, ou melancholiques, tristes & phlegmatiques, disent que le temperament sanguin est fait d'vne égale temperature des quatre humeurs sur lesquelles le sang domine; de maniere que celuy qui aura ce temperament, sera comme neutre & surnageant, & consequemment capable de faire de beaux chants sur toutes sortes de suiets: Mais le bilieux se plaist à vne Musique brusque, soudaine & aiguë, le melancholique à la graue & à la triste; ce qu'on remarque à la Musique du Caurroy, qui estoit d'vn temperament melancholique. Ie sçay qu'il y a des Musiciens qui font & qui chantent toutes sortes de chansons, bien qu'ils ne soient pas sanguins: Mais on peut dire qu'ils ont cette perfection, & ceste inclination de

leurs

leurs ancestres qui se fait souuent voir à la troisiesme & quatriesme generatiõ, ou que les influences des Cieux ont cõtribué à ceste generation, & qu'elles sõt d'excellens Musiciens, Poëtes, Orateurs, Iurisconsultes, &c. de toutes sortes de temperamens. Nous pouuons neantmoins rapporter ceste grande difference d'esprits au principe metaphysique de l'indiuiduation, dont nous ne sçauons point d'autre raison, ou d'autre cause efficiente que la volõté de Dieu. Mais si nous nous tenons dans les bornes & dans les regles des temperamẽs, nous pouuons dire que chaque Musique a sa perfection, par exemple, que la bilieuse a la sienne, sans faire comparaison des vnes aux autres; car tel est rauy par vn chant melancholique, qui ne se plaist point aux chants gays, & ioyeux.

L'on peut aussi parler du temperament d'vn Musicien, suiuant les principes de l'Alchymie (encore que ie ne veuille pas icy disputer de la verité de ses principes): car le sel respond à la terre, & à la melancholie: c'est pourquoy l'Asne estant melancholique est quatriesme degré, a plus de sel, de froid, & de sec, qu'il n'a des autres principes: Au contraire le Lion est bilieux au mesme degré, car il a plus de feu, & de souphre: le Loir estant d'vn temperament humide, & froid, a plus d'eau & de mercure, & la Perdrix estant sanguine, a vn temperament chaud & humide, d'autant qu'elle a plus d'air, & de souphre.

Mais pour parler des hommes à proportion, il faut remarquer que comme il y a quatre sortes d'humeurs & de temperamens dans les hommes, que chaque temperament peut estre encore diuisé en trois degrez: par exemple le bilieux peut auoir vn, deux, ou trois degrez de bile, dont l'vn tient plus de la nature du feu en son excez: le second en sa mediocrité, & le troisiesme en sa remission, ou en son affoiblissement, lequel aproche du temperamét sanguin, comme le troisiesme degré du sanguin est proche du premier degré du phlegmatique, & le troisiesme du phlegmatique est quasi le premier du melancolique.

Cecy estant posé, nous pouuons dire

que le temperamẽt le plus propre pour la Musique est le sulphureux temperé de parties égales de Mercure, & de Sel, pourueu que le soulphre soit en plus grande quantité, ou du moins qu'il ayt vne plus grande vertu; afin que le temperament de celuy qui doit auoir vne tres-excellente voix, soit analogue, & proportionné aux chordes des instrumẽs qui sonnent mieux, & dont on vse souuẽt, à sçauoir aux chordes de letõ, & d'acier: c'est pourquoy les trompettes sont d'airain, afin de rendre vn son plus clair, plus éclattant, & plus agreable. Quant au Mercure, & au phlegme, il rend la voix casse, sourde & foible, cõme l'on void en ceux qui ne viuent que de poisson, lequel est froid, & humide: & le sel, ou la terre la rend trop seiche, & trop rude, comme il arriue aux laboureux, & aux autres ouuriers qui se nourrissent d'aliments fort grossiers. Voila vne bonne partie de ce que l'on peut dire du temperament du Musicien, par les principes de la Medecine, & de l'Alchymie: mais l'experiẽce nous faisant voir d'excellents Musiciens de toutes sortes de temperamẽts, ie ne croy pas que toutes ces raisons preuuent autre chose que la foiblesse, & les tenebres de l'esprit humain.

Les Astrologues se promettent de pouuoir trouuer ce temperament en establissant le theme, ou la position du Ciel, souz laquelle doit naistre le Musicien pour estre parfait en son art: mais nous auons monstré cy-deuant qu'ils se trompent, aussi bien que les Physionomes, & les Chiromanciens, qui disent que ce Musicien auroit vne certaine configuration de visage, & certaines lignes dans les mains, qui signifiroient sa perfection en l'art de Musique.

Neantmoins i'ay voulu rapporter ce que l'on peut dire sur ce suiet, afin que l'on voye iusques où se porte l'imagination des hommes, & que l'on recōnoisse le mensonge, & l'erreur.

COROLLAIRE I.

L'on peut adiouster 4. autres humeurs, dont parle Auicenne, aux precedentes, à sçauoir celle qui n'a point de nom, laquelle n'est autre chose que le sang, qui s'approche de la partie du corps, qui doit estre nourrie. La 2. est appellée *rosée*, qui n'est autre chose que la precedente, qui sort des veines capillaires pour arroser ladite partie; & lors que cette rosee commence à s'attacher à la partie, qui se nourrit, elle est nommée *glus*, ou *colle*; & finalement elle s'appelle *cambium*, quand elle se change en la partie : de sorte que les Medecins appellent ces 4. humeurs, *innominatus*, *ros*, *gluten & cambium*, qui suiuent les 4. premieres, dont se fait la masse du sang.

Or ils tiennent que toutes les especes de fiéure hectiques s'attachent à ces 4. dernieres humeurs, & que la 4. espece, qu'ils appellent *marasme*, cõsomme entierement la chaleur naturelle, & l'humide radical, qui se rencontre particulierement dãs la derniere de ces 4. secondes humeurs.

Quant aux 4. premieres, il est euidẽt que chacune a sa fiéure particuliere, qui est cõtinuë sans relasche, lors qu'elle est dans le sang, comme elle est quotidienne dans le phlegme, tierce dans la bile, & quarte dans la melancholie. Ie laisse vne infinité de differentes fiéures, qui sont engendrées par le mélangé de ces 4. humeurs, & tout ce que l'on peut dire de l'idiosyncrasie des Musiciens, parce que ie ne voy pas que par cette voye l'on puisse determiner aucune chose du temperament qu'ils doiuent auoir pour estre parfaits en leur art, qui dépend le plus souuent de l'éducation, de la longue habitude, & du grand trauail. Neantmoins l'on peut lire ce qui est dit de cette idiosyncrasie, dans la 559. page des Commẽtaires sur le texte de la Genese.

COROLLAIRE. II.

Il est tres-aysé de conclurre de tout le discours precedent, que le temperament, & les humeurs ne dominent pas tellement à la raison, qu'elle ne demeure dans sa liberté, & qu'elle n'en puisse surmonter les vices, & les imperfectiõs, car il est aussi aysé de corriger le temperament, ou l'inclination, qui porte au larrecin, ou à quelqu'autre mauuaise action, comme il est aysé au Musicien melancholique de composer des chãts, & des airs gays; ce qu'il fait par les regles de l'art, qui arment la raison contre le sens, & l'esprit contre le temperament. Or l'art de bien viure a des regles qui sont du moins aussi bien establies que celles des compositions de Musique, & qui donnent vne si grande lumiere à la raison, qu'elle peut surmonter toutes les mauuaises habitudes des humeurs, dautant que les regles dont elle vse, viennent de Dieu, qui adjouste la force de sa grace, & de son assistance à la clarté de ses loix; dont on peut expliquer ce verset du Psalme 4. *Signatum est super nos lumen vultus tui domine, dedisti lætitiam in corde meo.*

QVESTION V.

Quelle doit estre la capacité, & la science d'vn parfaict Musicien.

LES sciences ont iuré entr'elles vne inuiolable societé, il est quasi impossible de les separer, car elles souffrent plustost que l'on les déchire; & si quelqu'vn s'y opiniastre, son trauail ne luy en arrache que des lambeaux imparfaicts & conformes. Elles ne viennent pourtant pas toutes ensemble, mais elles se tiennent tellement par la main, qu'elles se suiuent d'vn ordre naturel qu'il est dangereux de changer, parce qu'elles refusent d'entrer autrement où elles sont appellees. Et l'experiēce fait voir que quand on en veut retenir vne par force, qu'elle demeure tousiours tournée du costé des autres, & qu'elle les appelle au rebours, en mesprisant tellement celuy qui luy fait violēce, qu'elle ne daigne pas seulement luy donner vne œillade agreable. De là vient que plusieurs se sont tourmentez en vain, qui ne sçachans à qui s'en prendre, se sont accusez eux mesmes, plustost que le desordre qui les a reduits aux termes de n'auoir iamais peu obtenir les bonnes graces de Minerue. Neantmoins il n'est pas necessaire de les affectionner toutes egallement, car peu de gens y reussissent, d'autant que la vie des hommes est trop courte pour vne telle entreprise; de là vient que la pluspart de ceux qui s'y sont engagez, ne les ont quasi peu reconnoistre, tant s'en faut qu'ils ayent eu loisir de penetrer leurs mysteres, & les secrets de leur plus souueraine beauté. Ce qui a fait iuger aux plus aduisez, qu'il estoit plus à propos d'en choisir vne particuliere selon son inclination, en faueur de laquelle l'on peust imiter toutes les autres, comme compagnes inseparables.

Et veritablement il seroit à desirer que chacun en vsast de la sorte, c'est à dire qu'apres les teintures vniuerselles des sciences, l'on s'appliquast à la partie que l'on affectionne le plus. Il y a long-temps que la Philosophie seroit en vn degré bien haut, si nos deuanciers, & nos peres eussent mis cecy en pratique; & nous ne perdrions pas le temps aux premieres difficultez, qui se presentent maintenāt aussi rigoureuses qu'aux premiers siecles qui les ont remarquées. Nous aurions l'experience des Phenomenes asseurez, qui seruiroient de principes à vn solide raisonnement: la verité ne seroit pas si profondémēt abysmée; la nature auroit quitté la plus-part de ses enuelopes, l'on verroit les merueilles qu'elle cōtient dans tous ses indiuidus: la lumiere seroit aussi claire à l'entēdement, qu'aux yeux, les odeurs,

odeurs; les saueurs, & toutes les qualitez sensibles seroient aussi familieres à l'esprit, qu'aux puissances qui en sont capables; & nous aurions vn commandemẽt si absolu sur les sens, & sur l'harmonie, qu'ils seroient flexibles à toutes nos pensées.

Or je ne suis pas le premier Autheur de ces plaintes, il y a long-temps qu'elles se font oüir, & qu'elles resonnent dans la bouche de tout le monde, sans que personne n'y remedie, car encore que l'on en recognoisse bien la faute, nul ne la veut reparer: & l'entendemẽt de l'homme preuenu du desir, & de l'ambitiõ de tout sçauoir, se destourne d'vn attachement particulier pour écumer le general aussi viste que les autres, d'autant que l'vnique appas de son estude est l'esclat, qu'il ne trouue pas dans la recherche des principes, qu'il iuge difficile, & trop vetillarde: Et bien qu'ils soient la retraitte de la verité, la descente en est trop scabreuse: la pluspart des hommes sont bien aises de trouuer œuure faite, mais peu s'y veulent appliquer, & plusieurs croyent que cette recherche est inutile, ou ridicule: aussi toute l'antiquité en a-elle à peine trois ou quatre, qui n'ayent eu ces considerations, & qui n'ayẽt méprisé ces plaintes. Pour moy ie ne veux pas les faire en vain, c'est pourquoy ie me joins volontiers au moindre nombre que i'estime le meilleur, & le plus vtile: ceux qui ne manqueront pas tout à fait de raison, iugeront si i'en ay eu, & si mes speculatiõs ont adiousté quelque chose à la perfection de la Musique, que i'ay particulierement embrassée, encore que ie l'aye rencontrée fort imparfaicte. Si quelqu'vn a la mesme affection, il en pourra tirer plus de profit que moy: car il la trouuera dãs vn meilleur ordre, & auec plus de grace, pourueu qu'il la considere dans l'idee que i'en trace icy grossieremẽt, laquelle luy apprendra les choses qui sont necessaires à cette science, que nos peres ont reueree, comme diuine. De là viẽt qu'ils ont accusé de sacrilege ceux qui la profanoient: il y reconnoistra ses ornemẽs & sa beauté, laquelle empeschera desormais qu'elle soit méprisée: il sçaura les lieux d'où elle les emprunte, & les moyens qu'elle tient pour s'en parer, afin que la possedant auec toutes ses circonstances, il la rende digne des loüanges de Dieu.

I'entends donc par la Musique, *la science des sons & de l'harmonie*, pour laquelle ie desire premierement que le Musicien ait de l'inclination, car on ne reüssit guere aux choses qui ne plaisent pas. Il faut aussi qu'il ait vn esprit subtil, & docile, parce que les difficultez y sont abstruses, & qu'il faut apprendre de plusieurs. Il doit estre passablement versé aux lettres humaines, cõme sont la Grammaire, la Rhetorique, l'Histoire, & la Chronologie, & particulierement en la Poësie, car les vers sont principalement faits pour chanter : la Grammaire polit les paroles, la Rhetorique leur preste ses figures & ses mouuemens, les fables l'enrichissent, & l'histoire leur donne de l'authorité : & puis il est bien seant à vn homme d'honorable profession, de sçauoir quels ont esté les inuenteurs de la Musique, les beaux effects que l'Antiquité en a admirez, & la distinction des temps ausquels ces choses sont auenuës, ce qu'il apprendra de la Chronologie : car outre que cela est absoluëment necessaire à tout homme qui embrasse les lettres à quelque dessein que ce soit, elles releueront la Musique, & mettront le Musicien d'autant plus en credit, que l'on verra sa science mieux appuyée de toutes les connoissances, dont les hommes ont tousiours fait vn particulier estat: au lieu qu'ayant esté, comme on la void encore à present, reduite à la routine de trois ou quatre miserables accords, accompagnez souuent d'vne voix desagreable, & mercenaire, elle estoit deuenuë cõme vne abiecte Menestriere, n'ayant point souuent d'autre retraite que parmy les choses qui seruent aux infames plaisirs.

Ie desire encore qu'il soit consommé en toutes les parties de la Philosophie, à sçauoir dans la Dialectique, dans la Physique, dans la Morale, & dans la Theologie, car sans l'intelligence des principes, des distinctions, & des analyses, le bon raisonnement luy manque, sans lequel il ne peut auoir la connoissance des choses naturelles, qui luy est tellement necessaire, que sans elle il n'entendra iamais la nature du son, veu qu'il se tire aussi differemment de toutes sortes de corps, qu'eux-mesmes sont differents, comme du bois, des metaux, des pierres, & des autres matieres dont on fait les instruments ; à quoy seruent aussi les diuers temperamēs, & les qualitez de l'air, & des autres choses liquides, qui sont le vehicule du son & de la voix. D'où l'on peut aisément conclure, qu'il est obligé à la speculation de toutes les choses naturelles, à sçauoir des corps sensibles, & des insensibles en toutes leurs differences, non seulemēt selō la Physique, mais aussi selon la Medecine, dont il doit apprendre quelles sont les organes de la voix, quelles en sont les maladies, & comme il la faut conseruer, & la guerir.

Et parce que son principal dessein consiste à adoucir les passions, à ramener les esprits à la droite raison, & à exciter les affections de ses auditeurs à la pieté, & au seruice diuin, comment en viendra-il à bout sans la Morale, & sans la Theologie, dont la premiere luy apprend les diuers mouuements de l'esprit sensitif, & du raisonnable, & l'autre luy enseigne les choses qui seruent à la louange de Dieu, qui par commandement exprés l'a voulu receuoir des hommes en cette maniere.

La necessité qu'a la Musique des supputations, & des raisons qui la constituent, l'attachent inseparablement aux Mathematiques, qui outre cela luy fournissent la nature des reflexions pour le redoublement des sons, & pour le retentissement des voix, c'est pourquoy elle a droit d'ordonner des bastimens propres aux concerts : ce qui l'oblige encore à l'Architecture, & par consequent à la Pourtraicture, tant pour cela, que pour desseigner les nouueaux instrumés que le Musicien peut inuenter en corrigeant les vns, & adioustant aux autres, & pour ordoner des grottes, & des machines hydrauliques, & pneumatiques, qu'il rendra capables de toute sorte d'harmonie.

Il est donc certain que pour acquerir la perfection de la Musique, il n'y a rien que l'esprit ne doiue mettre en besongne de toutes les choses qui se peuuent sçauoir & pratiquer : & bien qu'il soit tres-difficile que cette perfectió se rencontre dans vne mesme personne, il est neantmoins à propos que l'on connoisse par ce dessein, en quoy elle consiste, afin que l'on tasche d'en approcher le plus que l'on pourra; & que ceste science ne soit plus si méprisée comme elle a esté iusques à present; mais qu'estant couronnée de toutes les fleurs qui luy appartiennent, elle soit honorée selon sa beauté, & capable d'entrer chez les Princes & les Roys, & finalemẽt qu'elle soit digne d'estre presentée au Souuerain Autheur de toutes choses.

QVESTION VI.

A sçauoir si le sens de l'ouye doit estre le iuge de la douceur des sons, & des concerts, ou si cet office appartient à l'entendement.

CEtte question n'a pas esté meuë d'aujourd'huy, elle a donné de la peine aux plus grands hommes du mõde, comme à Pythagore, Platon, Aristoxene, Ptolomée & à plusieurs autres, dont les vns ont deferé le iugement

ment des sons à la seule raison, les autres aux sens, & les autres ont conioint le sens à la raison. Ceux qui disent que le sens de l'oüie doit estre le iuge de la Musique, s'appuyent sur ce raisonnement. Si l'office, disent-ils, de iuger des sons appartenoit à l'ame raisonnable, ou à la raison, elle iugeroit tousiours de la mesme façon, d'vn mesme concert; & tous les hommes trouueroient les concerts d'vne mesme bonté, car toutes nos ames sont égales, n'y ayant nulle autre difference entre les esprits des hommes, que celle qui vient des organes, & du temperament vniuersel de tout le corps, & du particulier, & specifique de chaque partie d'iceluy. Or le iugement ne dépend point des organes, car quelque mauuais temperament qu'on ayt, la partie de l'ame que les Grecs appellent νοῦς, (qui est à l'entendement, ce qu'est la splendeur à la lumiere, & à la synderese, ce qu'est le Pilote au Nauire) iuge tousiours équitablement, comme nous experimentons aux propositions vniuerselles de la Philosophie naturelle, & de la Morale, car tous les hommes du monde auoüent que le bien est aimable; qu'il faut fuyr le mal, que l'estre vaut mieux que le non estre; qu'il est necessaire que Dieu soit tres-parfaict; que rien ne se peut faire soy-mesme; que ce qui est limité & finy, a esté fait; que l'ordre est plus excellent que le desordre, & mille autres semblables propositions, qui sont reconuës vniuersellement par tout le monde, sans qu'il soit necessaire de les apprendre. Il faudroit donc aussi quand les cõcerts sont bons, que tous ceux qui les entendent, les iugeassent bons; ce qui n'arriue pas, car ce qui plaist à l'vn, déplaist à l'autre. Il y en a mesmes à qui les bruits confus plaisent dauantage que les consonances, & qui ayment mieux entendre le bruit des Canons, ou le bourdonnemẽt des mousches, que la plus grande douceur des meilleurs concerts. De dire que l'on doit estimer ces hommes-là barbares & brutaux, & maintenir qu'ils n'ont pas l'esprit bien faict, ce n'est pas répondre, car nous ne sçauons pas si au contraire ils ont l'esprit si excellent & si subtil, que le peu de perfection qu'il y a dans nos concerts les blesse, ou si c'est quelque particuliere perfectiõ de trouuer les dissonances aussi bonnes, ou meilleures que les consonances ; suiuant le dire ou le prouerbe commun, à sçauoir, que ce qui est rare est excellent ; il est donc incertain si on les doit appeller monstres d'imperfection, ou prodiges de perfection, car on n'a point encore demonstré que l'esprit qui est tellement proportionné aux dissonances, & aux sons aspres, & rudes qu'il s'y puisse plaire, ne soit pas si excellent que celui à qui les sons aigres, & les discords déplaisent : & comme ce qui est aspre signifie souuent vne grande chaleur, on pourroit dire que l'esprit qui se plaist à l'aspreté & à la rudesse des sons, a vne grande viuacité & vne grande force. Ie pourrois confirmer l'excellence de ces esprits en rapportãt pour exemple, quelques-vns de mes amis que ie sçay ne prendre nul plaisir à l'harmonie vocale, ou instrumẽtale, encore qu'ils ayẽt bon esprit, qu'ils soient d'vn bon temperamẽt, & plains d'vne si grande douceur en leurs mœurs, & en leur conuersation qu'elle est preferable aux plus douces harmonies.

D'abondant ceux qui jouent du luth,

ou de la viole, nous disent que la quinte qui est iuste selon la raison, n'est pas si agreable que quand elle est affoiblie: & l'orgue mesme ne suit pas la raison de la quinte du monochorde, de sorte qu'il faudroit que la quinte du sens fut moindre que celle de l'entendement; & ceux qui suiuent les raisons, & qui se contentent de la Theorie de la Musique, confessent que la quinte du sens & des instrumens est fort agreable, & qu'elle ne cede point à celle qui est prescrite par les nombres qui seruent d'idées à la raison. En troisiesme lieu, les sons ne seruent pas d'obiect à l'esprit, mais à l'oreille; car la verité & les choses intellectuelles, & vniuerselles sont le propre obiect de l'entendement, comme les choses corporelles, materielles, & particulieres, le sont des sens exterieurs, or il appartient à chaque faculté de iuger de son obiect, de là vient qu'on dit que l'entendement est des choses vniuerselles, & le sens des particulieres, cõme sont les interualles des sons. En effect nous experimentons en raisonant, que l'entendement n'a point de propres especes des sõs, ny des autres choses sensibles, ce qui fait qu'il n'en discourt qu'en general, en leur appliquant quelques idées & notions vniuerselles, qu'il prend d'ailleurs, ou qui luy sont données dés le moment de sa creation: & qu'apres auoir bien trauaillé à la recherche de la nature, & de l'essence des choses particulieres, il est contraint d'auoüer qu'il ne sçait rien, ou tout au plus qu'en general & confusément, & doit tousiours recourir & descendre à ce que luy font connoistre les sens, à qui la raison est redeuable de ce qu'elle comprend, comme elle témoigne aux maladies & indispositions qui arriuent aux sens, estant contrainte de rendre hommage à l'oreille, à l'œil, &c. & de demeurer oyseuse aussi long-temps comme elle est priuée de leur secours.

D'ailleurs nous voyons que ceux qui ont perdu l'esprit, ou qui n'en ont iamais eu, comme les fols, & les idiots, iugent de la Musique, & se plaisent plus aux consonances, qu'aux dissonances, & neantmoins il semble qu'ils ne se seruent que des sens, puis qu'ils n'ont iamais eu l'vsage de la raison: aussi n'a on peu dõner de definition aux consonances & aux dissonances, qu'en l'apprenant du sens & non de la raison, car nous disons que la consonance se fait de deux sons qui se font en mesme tẽps & qui sont agreables à l'oüie, & que la dissonance se fait de deux autres sons qui sont desagreables à l'oreille: & quãd on concederoit que le sens exterieur de l'oüie ne peut iuger des sons, neantmoins ce iugement appartiendroit à l'imagination, qui est aussi bien dans les bestes que dans les hommes, car comme l'ame sensitiue a ses sentimẽs exterieurs, qu'elle exerce par le moyen des organes visibles, aussi a elle ses actions interieures, dont l'vne est le discernement, l'approbation, ou le iugemẽt des obiects sensibles qui luy sont agreables, ou desagreables selon le rapport, ou la disproportion qu'elle a auec eux. Car puisque chaque espece d'appetit requiert vne connoissance de mesme gẽre, & que les animaux ont l'appetit sensitif, par lequel ils se plaisent, ou se faschent de ce qui leur est vtile, & delectable, ou de ce qui leur nuit, & leur déplaist, il est necessaire qu'ils ayent vne connoissance & vne lumiere qui ſoit proportionnée à leur appetit, qui ne peut apperceuoir ſon obiect, ny ſe porter vers luy par amour, ou par deſir, ou ſe reſioüir de ſa poſſeſſion, s'il n'eſt conduit & éclairé par la lumiere de l'imagination, dont elle a plus grand beſoin que les pieds n'ont beſoin des yeux pour marcher aſſeurément.

Nos Muſiciens, ou ceux qui compoſent les chanſons, ou les motets, nous confirment cette opinion, n'ayant autre raiſon à alleguer pourquoy ils vſent d'vn paſſage, d'vne cõſonance, ou d'vn interualle pluſtoſt que d'vn autre, que de dire qu'ils ont trouué que ces paſſages ſont agreables à l'oüye: iugeans ſeulement par la connoiſſance des ſens, ou de l'imagination: & ſ'il ſe rencontroit quelqu'vn à qui la tierce mineure, ou maieure, ou la ſeconde, & la ſeptieſme fuſſent plus agreables que la quinte, ou l'octaue, il faudroit dire, nonobſtant quelque raiſon & Theorie qu'on euſt, que les premiers interualles ſeroiẽt des conſonances plus agreables que les ſecondes en comparaiſon de celuy à qui celles là plairoient dauantage. Ce qui arriue peut-eſtre à pluſieurs animaux,

& à plusieurs hommes, dont les esprits sont tellemẽt disposez, qu'ils reçoiuent plus de contentement d'estre meus, ou alterez de la rẽcontre des sons qui font nos dissonances, & d'entendre les interualles que nous iugeons incapables d'entrer dans l'harmonie, qu'ils n'en reçoiuent du chatoüillement que font nos consonances: ce qu'on a remarqué de quelqu'vn qui preferoit le hannissement des cheuaux à la Musique.

3. Que s'il y en auoit plusieurs à qui la mesme chose arriuast, sans doute nous trouuerions des raisons pour prouuer que ce que nous appellons maintenant dissonance, deuroit estre appellé consonance, ce qui fait veoir que la raison suit le iugement des sens, & qu'elle se ploye comme on veut pour s'accomoder à eux, comme faisoit la regle Lesbienne à toutes sortes de lignes, & d'ouurages, car si la raison regloit les sens, il faudroit qu'elle tint ferme comme la regle de Polyclete, & que nous fissions tousiours le mesme iugement d'vne mesme chose, pendant qu'elle demeure en mesme estat, ce qui n'arriue pas souuent.

Ceux au contraire qui tiennent que l'entendement est le seul iuge, disent qu'en renuersant toutes ces raisons leur opinion s'establit d'elle mesme ; Car il est bien certain qu'à celuy qui a perdu l'vsage de la raison ; tous les sens sont inutiles pour iuger, & que c'est se feindre vne statuë de bronze, qu'vn hõme sans entendement, qui le fait seul estre homme. Car de dire que les hommes iugeroient tous de mesme façon d'vn mesme concert, si le iugement depandoit de la raison, parce que nos ames sont égalles, & que le iugement ne dépend point des organes, comme l'on experimente aux propositions de la Philosophie naturelle & morale, c'est argumenter sophistiquement : Car le iugement pour iuger des choses vniuerselles n'a que faire des sens, non plus que le Iuge pour estre bon Iuge n'a que faire d'Auocats, ny de Procureurs, car pour cela il luy suffit d'auoir le charactere de Iuge, & la constante & perpetuelle volonté de rendre à vn chacun ce qui luy appartient : mais pour iuger le different d'entre Titius, & Meuius, il a besoin d'vn Aduocat qui l'instruise de leur different, & des moiens qu'ils ont chacun pour obtenir leur intẽtion, & des Procureurs pour cõduire la cause,&proposer lesdemãdes,&les deffences selon les formes vsitées : aussi pour iuger de ce concert, ou de cet autre, le iugement a besoin que l'on luy rapporte quel est ce concert, ou cet autre : sur ce rapport il fait son iugemẽt,& ce rapport se fait par le sens parfait.

Quant à ceux que l'on dit qui ne se plaisent point à la Musique, ou qui se plaisent plus à d'autres bruits qu'aux consonances, cela vient de ce qu'ils n'ont iamais donné d'accez à la Musique dans leur esprit, ny assez d'attẽtion pour la gouster, ayant l'esprit occupé à d'autres pensées, & remply d'autres desirs, lesquels ne laissent entrer dans l'ame aucune chose qui n'y contribuë, cõme ceux qui sont échauffez à la guerre, où ceux qui sont acharnez au gain, & enclins à l'auarice, ou ceux qui voient pãcher sur eux quelque grande perte, ou ruine, ne s'émeuuent pour aucun son, si les vns n'entendent vn canon, vn tambour, ou hãnir vn cheual, les autres compter de l'argent, les autres s'ils n'entēdent quelque autre confusion: & ce qu'ils entendront contraire ou nō, qui ne contribuera point à leur passion, ne leur touchera nullement l'esprit, & n'en feront aucun iugement: ce qui monstre que c'est seulement la raison qui iuge, puis qu'il faut plustost que la raison soit saine, & non malade pour iuger, que le sens, lequel quoy que sain ne peut iuger, si la raison est malade : la plus agreable Musique du soldat sera donc le son des tambours, & des Canonades: de l'auare, le son de l'argent, du masson, le bruit des marteaux: de l'Apothicaire ou parfumeur, le son des mortiers de sa boutique: du meunier, le claquet de son moulin: de l'Auocat, la confusion d'vn barreau : du menuisier & du charpentier, le coup de maillet, & le bruit de la scie, parce qu'ils ont tous l'esprit porté là. Mais si quelquefois l'esprit se met en repos, & qu'il quitte, ou qu'il remette ses passions à vn autre temps, si la Musique se presente, il la laisse entrer doucement, & s'en trouue touché insensiblemēt. L'ēpire de la raison est si grand sur les sens, qu'elle les rebutte quand il luy plaist,

&leur empéche d'apperceuoir ce qu'il sentiroiét. Ce que cősiderát quelques vns ils l'ốt estimée vne diuinité racourcie, & vn rayon de la raison Archetype, qui fait dans le corps humain ce que Dieu fait dans le monde, ce qui est veritable en quelque façon, car elle porte l'image de la Diuinité, & commande au corps comme à vn petit mőde, mais il y a en effect des differéces aussi grandes comme du finy à l'infiny.

Il faut donc confesser que la raison est necessaire pour iuger de la nature, & de la difference des sons, comme Ptolomée a prouué dans le premier chapitre de son premier liure de la Musique contre les disciples d'Aristoxene qui donnoient trop au sens, bien qu'il leur faille accorder quelque chose en ce suiet, afin qu'ils agissent coniointement auec la raison, comme il monstre aussi contre l'aduis des disciples de Pytagore.

Or il est si veritable que la raison est necessaire pour iuger des sős, que nous ne pouuons connoistre sans son ayde, si ce que nous oyons doit estre appellé son, ou concert; car les animaux, à qui nous serions semblables, & qui nous seroient égaux, si nous n'auions la raison, ne font point de reflexion sur les actiõs, ou les passions de leurs sens exterieurs, ou interieurs, & ne sçauent ce que c'est que couleur, odeur, ou son, ny s'il y a quelque difference entre ces obiects, ausquels ils sont plustost emportez, qu'ils ne s'y portẽt eux-mesmes; ce qui se fait par la force de l'impression que les obiects differents font sur leurs organes, & sur leurs sens, car ils ne peuuent discerner s'il est plus à propos d'aller boire, ou manger, que d'aller faire autre chose, & ne boiuent, ne mãgent, ny ne font autre chose, que quand la presence des obiets, ou l'imagination brutalle les necessite, & les transporte à leurs obiets, sans qu'ils puissent resister à telles impressions, & sans qu'ils connoissent ce qu'ils font, soit bien, ou mal; ce qui nous arriueroit comme à eux, si nous estiõs destituez de la raison, car ils n'ont de lumiere que ce qu'il leur en faut pour prendre leur nourriture, & pour nous seruir aux vsages ausquels Dieu les a destinez.

Il faut donc conclurre nonobstant les

raisons precedentes qui combattent en faueur des sens, que la raison & l'oüie sont necessaires pour iuger de l'harmonie, & du different des sons; ce qui se fait neantmoins auec telle condition, que l'oüie reçoit toutes les affectiõs des sons, le iugement desquels est reserué à la raison, de qui elle tient la iustesse des consonances, des interualles, &c. mais la raison emprunte de l'oüie ce qu'elle auoit reçeu deuãt, & se cõtente d'aprocher de la verité des interualles, & des termes du graue, de l'aigu & des autres proprietez & differences des sons par l'ẽtremise de l'oreille, afin de trouuer en suite les vrais interualles, & les exactes differences des sons par la force du raisonnement, & par les differentes comparaisons qu'elle fait des vns auec les autres.

En effect, c'est la raison qui recherche les causes du mouuemẽt & du son: le sens n'en reçoit que l'impression, dõt la raison doit iuger, puis qu'elle en considere les causes & la nature, & qu'elle est simple, & vniuerselle, n'épousant que la verité, quelque part qu'elle la rencontre: mais les sens sont suiets à tout sorte d'alterations, & de changemens, & se trompent facilement à cause du mouuemét & du flus perpetuel de leur matiere, s'ils ne sont conduits & maintenus dans l'ordre par la raison. De là vient que comme l'œil prend le cercle qu'on fait par hazard sans compas, pour vn cercle parfait, quand il approche de la perfection, iusques à ce que la raison en fasse vn parfait, qui fait paroistre le défaut & l'imperfection du premier, que l'oüie croit semblablement que les interualles consonants, ou dissonants sont parfaits, quand ils approchent de la perfection; mais elle est contrainte de confesser leur imperfection, quand la raison donne les parfaits, car il est plus facile de iuger de cette perfection que de la trouuer, comme il est plus facile de iuger d'vn combat, que de combattre, ou de la course, que de courir, &c. Or encore que les sens séblent iuger de la veritable difference des choses qui leur seruent d'obiect, & qu'ils ne se trõpent pas de beaucoup, quand ils considerent de cõbien les parties se surmontent lors qu'elles sont grandes & en petit nombre; neantmoins ils se trõpent,

& la raison ne se doit iamais fier à eux, puis qu'elle recõnoist l'erreur toûjours plus grande, quand les parties sont plus petites & en plus grand nombre : car plus elles sont petites, moins elles sont remarquables : par exemple, quand on propose vne ligne droite, le sens iuge si vne autre est plus lõgue ou plus courte, en les comparant, & les appliquant l'vne à l autre, ou en les diuisãt en deux parties égales, ou en les doublant & faisant seulement vne comparaison pour cet effect ; que s'il la faut tripler ou diuiser en trois, il est plus difficile, d'autãt qu'il faut faire deux comparaisons, de sorte que les differences sont d'autãt plus difficiles à estre remarquées que les diuisions, & les parties sont en plus grand nombre, particulierement quand il faut contépler les parties vne à vne, comme il arriue à la proportion septuple, ou au nombre diuisé en sept, qui n'a point de moitié, à cause qu'il est impair, & qu'il ne contient nulles parties qui nous en rendent la connoissance plus aisée, comme sont les parties du nombre 8, dont nous trouuons facilement la moitié, & puis la moitié de

la

la moitié, de sorte que nous n'auons que faire de considerer la huictiesme partie, ou la raison octuple, mais seulement les moitiez de plusieurs nombres inegaux, à sçauoir les moitiez de 8. de 4. & de 2. qui nous menent iusques à l'vnité, mais c'est tousiours la raison qui iuge, car si c'estoit le sens exterieur il faudroit qu'il iugeast ou deuant que d'auoir senty, ou en sentant, ou apres auoir senty: de iuger auparauant, il est impossible, car *de ÿs quæ non sunt, & non apparent idem iudicium*. De iuger en sentant, il est impossible, car tout iugement se doit faire par reflexion, & la reflexion presuppose vn ordre de tẽps, il faudroit donc qu'il iugeast apres, or surquoy iugeroit-il apres, veu qu'il n'a rien de present, & qu'il manque de memoire & d'imagination. Ce n'est donc pas le sens exterieur qui iuge, ny l'interieur, que l'on appelle *sens commun*, pource que les mesmes inconueniens luy arriueroient qu'au sens exterieur, il s'ensuit donc que c'est la raison seule qui iuge. Or si l'on applique à l'ouïe ce qui a esté dit des nombres & de la veuë qui discerne facilement quand vne ligne est double, ou souz-double d'vne autre ligne, il faut conclurre que comme la veuë, ou la raison iugeant des choses visibles, a besoin d'vne regle pour iuger si vne ligne est parfaitement droite, & d'vn compas pour iuger exactement du cercle, & de ses parties, que l'oüie a besoin de certaines regles pour establir les parfaites differéces des sons, leurs interualles, & tout ce qui leur appartient, car l'oüie n'est pas plus subtile, ny plus habile que la veuë, qui surpasse tous les autres sens par la promptitude & l'excellence de son action.

1. La regle, dont se sert la raison pour dresser les sons, & pour trouuer exactement les internalles & leur difference, se doit appeller Regle, ou *Canon* harmonique, car c'est l'office du Musicien de conseruer ou de trouuer les raisons de ladite regle, qui s'accordét auec l'oüie, suiuant le sentiment de la plus grande partie des hommes; comme celuy de l'Astronome est de conseruer, ou d'establir les hypotheses des mouuemens celestes, apres auoir obserué tous les Phonomenes qui paroissent ordinairement.

Car il appartient aux hommes sçauans qui employent leur vie, & leur estude à la contemplation, de monstrer que les œuures de la nature sont bien ordonnées, & qu'il n'y a rien qui soit confus, ou qui se fasse par hazard, particulierement dans ce qui concerne la veuë & l'oüie, qui approchent plus de la raison, que les autres sens, & qui nous seruent pour apprendre les sciences, & pour loüer, contempler & admirer les œuures de Dieu, & l'excellence, & la grandeur de l'ouurier.

Quant aux autres obiections qui se font en faueur de l'oreille, ou des autres sens, elles font seulemēt voir que l'oüie est necessaire pour la Musique, dautāt qu'il faut que les sons aillent à l'esprit par son moien: mais si tost qu'il les a cōnus, il les regle, & rejette ceux qui sont contre la raison, & qui l'offensent, & admet ceux qui sont suiuant la raison harmonique, & en fait vn art, & ne se contentant pas de cela, il cherche les causes pour lesquelles certains interualles luy sont conuenables, c'est à dire plus agreables que les autres; ce qu'il fait si parfaitement, qu'il se necessite luy-mesme d'auoüer que son discours est veritable: comme lors qu'il dit, que ce qui est plus simple, & mieux ordonné est plus facile à comprendre que ce qui est composé & confus; de là vient qu'il est plus facile de diuiser vne ligne en deux parties égales qu'en trois, ou en cinq, &c. dautant que deux est plus simple que trois, &c. & que l'on comprend mieux la figure d'vn quarré, que d'vn heptagone, & que pour ne sortir de nostre suiet vn chant simple fait seulement de trois ou quatre tons, se comprend mieux, qu'vn plus diuersifié. Ie sçay neantmoins que l'esprit est quelquefois plus content lors qu'il contemple quelque chose de plus difficile, cõme l'heptagone, que quand il considere le triangle, ou quelqu'autre figure plus simple, & plus facile, dont i'explique la raison dans vn autre lieu.

Il faudroit maintenant répondre à chaque objection que i'ay faite pour prouuer que les sens doiuent estre les iuges de leurs obiects, mais chacun le peut faire, car il suffit d'auoir répondu en general.

QVESTION VII.

A sçauoir s'il est expedient d'vser du genre Chromatic, & de l'Enharmonic, ou si l'on doit se contenter du Diatonic; & si l'on peut reduire ces trois genres en Pratique.

CEux qui n'ayment pas la nouueauté, & qui mesurent toutes choses à leur capacité, & à l'experience, tiennẽt qu'il n'est pas possible, ou du moins qu'il n'est pas expedient de chanter Enharmoniquement, puisque l'vsage est contraire, & que tous les siecles ont fait voir que le genre Diatonic est suffisant pour chãter tout ce que l'on veut. Et si Timothée, qui estoit le plus sçauant Musicien de son temps, fut banny de son pays pour auoir adiousté vne nouuelle corde aux instrumens, ils peuuent dire que ceux là doiuent estre bannis plus loing, qui veulent introduire le genre Enharmonique, puis que cela ne se peut faire sans introduire l'vsage de plusieurs cordes, qui ne sont point ſur les inſtrumens , & dont les voix n'vſent pas.

Car ſi la doctrine de Socrate eſt veritable, la tranquillité des Republiques, & la paix, & la guerre dependent tellement des cordes, ou des ſons de la Muſique, que les loix s'alterent au changement des cordes, & des tons, dont les vns conſeruent la temperance, & les bonnes mœurs, & les autres introduiſent le vice, le luxe, & les déreglemēs, qui font à la fin déchoir, & perir les Republiques.

Mais la meilleure raiſon ſe prend de la nature, qui ne donne pas les degrez de la Chromatique, ou de l'Enharmonique, comme ceux de la Diatonique. Car la trompette ne fait pas le ſemiton mineur, ny la dieſe Enharmonique, comme elle fait les tons & le ſemiton majeur; & les degrez de ces 2. genres ne viennent pas de la difference des Conſonances, comme font les degrez Diatoniques, qui ſeruent à paſſer d'vne conſonance à l'autre; ce qui prouue que ces ſeuls degrez ſuiuent l'intention de la nature, qui approuue les ſeuls degrez, qui ſeruent pour paſſer aux consonances, & particulierement à l'vnisson, comme à la plus grande perfection de la Musique.

D'ailleurs, puis que la Musique est vn ieu d'esprit, & qu'elle a esté inuentée pour la recreation, & pour preparer l'ame à de plus hautes pensées, & à des speculations plus serieuses, elle ne doit pas estre si difficile qu'elle donne trop de peine & de trauail aux auditeurs, autrement elle les rendroit ineptes aux exercices plus difficiles, & plus releuez, qui doiuent suiure immediatement apres; or le degré Enharmonique ne peut estre compris sans vne grãde contention d'esprit, dautant qu'il consiste dans la comparaison de 125 à 128. qui est surtripartissante cent vingt cinq, & consequemment fort difficile à conceuoir.

Et si l'on veut trauailler vtilement, il vaut beaucoup mieux employer le tẽps à la recherche des choses qui peuuent seruir au bien du public, ou des particuliers, qu'aux degrés Enharmoniques, qui sont inutiles, & qui seroient, peut-estre, cause que pour 7. ou 8. heures que les Chantres, & les iouëurs d'instrumẽs employent tous les iours à chanter la Musique, ils en perdroient pour le moins deux fois autant.

Et puis ces petits degrez Chromatique, & Enharmoniques sont si charmans, & si lascifs qu'ils emmeneroient le courage des auditeurs, comme l'on peut iuger par les semitons majeurs, qui approchent de leur delicatesse, & de leur molesse, & par le trop frequent vsage de la Musique, qui rend les hommes lasches, & effeminez; de là vient qu'il suffit de dire qu'vn homme est Musicien pour le decrediter, l'experiēce ayant monstré que cette sorte d'exercice rend quasi l'homme inutile, & inepte à toute sorte de vertu.

Il faut neantmoins conclurre qu'il est expedient, & necessaire d'vser de ces 3. genres, pour chanter iustemēt, & pour trouuer tous les degrez Diatoniques tant consonātes, que dissonantes, comme il sera facile de conclurre, apres auoir consideré les tables, qui contiennent tous les degrez de ces 3. genres, & leur vsage.

Or ceux qui reiettent le genre Chromatic, & l'Enharmonic, ne les entendent pas, car tous les demitons qui se font hors du propre lieu, ou se rencontre le demiton majeur Diatonique de MI à FA, appartiennent au gẽre Chromatique. Quant aux degrez Enharmoniques, l'explication desdites tables fait voir qu'ils sont necessaires pour trouuer les consonances iustes en plusieurs endroits de la main, ou de l'échele de Musique, & du clauier des Orgues, & des Epinettes.

Car encore que le temperamment des Orgues, & des autres instrumens, approche si pres de la iustesse des accords, qu'il ne blesse pas l'oreille, qui souffre aysémẽt les quintes diminuées & les quartes augmentées des instrumens, l'on n'en reçoit pourtant pas tant de contentemẽt que si tous les accords estoient parfaits.

Et quand il n'y auroit point d'autre contentement que celuy de l'esprit, qui contemple la raison des consonances, & des dissonances, il est assez grãd pour faire embrasser ces 3. genres, & pour prouuer que la consideration n'en est pas inutile.

Mais c'est vne chose estrange que l'on

ne peut esleuer les Praticiēs à la raison, dont ils fuyent la lumiere, comme les hiboux fuyent les rayons du Soleil, parce qu'ils ont si grande peur que l'on ne découure leur ignorance, qu'ils ayment mieux blasmer la Theorie, & dire qu'elle est inutile, & qu'elle ne sert de rien à la pratique de la composition, que d'en embrasser la verité, qui surpasse autant la pratique, que le Ciel surpasse la terre.

Or malgré qu'ils en ayent, ils vsent souuent du demiton mineur dans leurs chansons, particulierement quand ils montent de la premiere note du troisiesme mode par degrez conioints, iusques à la Quarte, car ils haussent le *fa* qui fait la Tierce mineure contre le *re*, d'vn demiton mineur, par le moyen de la Diese, afin que le chant en soit meilleur, & que le *re* fasse la Tierce maieure contre ledit *fa*. Ils en vsent encore toutes & quantesfois qu'ils passent de la Tierce mineure à la maieure, & de la sexte maieure à la mineure.

7 Mais afin qu'ils comprennent plus aysément la necessité de ces 3. genres, il faut remarquer que les interualles Chromatiques, & Enharmoniques,

ont seulement esté inuentez pour ayder aux Diatoniques; & que l'õ ne peut trouuer toutes les consonances iustes contre chaque note, ou corde Diatonique, soit auec les voix, ou sur les instrumens, sans l'ayde de ces degrez Chromatiques, & Enharmoniques, comme l'on verra si clairement dans les 3. tables qui contiennent ces 3. genres, qu'il n'est pas necessaire de nous arrester plus long-temps sur ce suiet.

I'adiouteray seulement que la Theorie de ces genres ne seroit pas inutile, encore qu'ils ne peussent seruir à la pratique, ni aux compositions, d'autant que la perfection de l'entendement ne consiste pas dans la Pratique. Mais dans la contemplation; & que ce qui tombe dans la Pratique, est beaucoup moins excellent, que ce qui n'y peut tomber, car encore que Dieu soit admirable dãs la creation des estres corporels, & des intellectuels, il est neantmoins plus admirable infiniment dans la contemplation de soy-mesme, c'est à dire, de l'Estre souuerain, qui ne peut estre fait ni reduit en pratique; & les biẽ-heureux receuront vne plus grande perfection

& vn plus grand contentement en contemplant ce qu'ils ne peuuent faire, & ce qui ne peut tomber ſouz la pratique, qu'en conſiderant ce qui eſt dans leur puiſſance, ou dans celle de Dieu.

De là vient que la Theorie eſt plus excellente que la pratique, qui n'eſt autre choſe que le plus groſſier, & le plus materiel de la Theorie, & dont la plus grande perfection n'arriua pas iuſques au degré le plus bas de la ſpeculation, de ſorte que la pratique eſt à l'égard de la Theorie, ce que la terre eſt au regard du Ciel, & ce que les creatures ſont au reſpect du Createur. Car celle-là dépend de celle-cy, comme le rayon dépend du Soleil, la chaleur du feu, l'artisan, & le maſſon, de l'architecte, l'image de ſon prototype, & les eſtres materiels des idées éternelles.

Il eſt impoſſible que les ſons, ou les concerts apportent quelque degré de perfection à l'eſprit, s'il ne les épure premierement par la raiſon, & s'il ne les dépoüille de leur matiere, pour les trãſporter dans le Royaume des eſtres intelligibles, & dans l'eſtat de leur perfection.

Mais il n'y a nulle raiſon, dont il ne tire quelque auantage, & quelque nouueau degré de l'vniuers, qui luy peut ſeruir de degré pour monter à la Souueraine lumiere, & à la raiſon independente, dont il attend ſa derniere perfection.

L'on peut donc conclurre de ce diſcours, que la connoiſſance de ces trois genres, & de leurs raiſons eſt plus excellente que toute la pratique de la Muſique, & conſequemment qu'il en faut plus faire d'eſtat, puiſque les choſes n'ont point de plus grãde excellence, ny meſme de plus grande vtilité à noſtre égard, que celles dont elles perfectionnent la plus noble partie de noſtre eſtre, à ſçauoir l'entendement, par lequel nous ſommes en quelques maniere égaux aux Anges, & ſemblables à Dieu.

Mais ces penſées, & ces idées ſont peuſt-eſtre trop ſubtiles, pour entrer dans l'eſprit de ceux qui preferent le corps à l'eſprit, la terre au Ciel, l'vtile à l'honneſte, la pratique à la Theorie, & les ſens materiels à leurs raiſons: c'eſt pourquoy ie laiſſe cette conſideration pour répondre aux raisons contraires, dont la premiere est fondée sur ce que l'on ne peut vser du genre Enharmonique dans les chansons; Mais ie fais voir ailleurs que l'on s'en peut seruir, & qu'il est entierement necessaire pour les cõpositions ordinaires, que l'on appelle Diatoniques.

Quant à Timothée, il faut croire que l'histoire en est fabuleuse, ou que ceux qui l'ont écrite, ont entendu quelque nouuelle loy, qu'il vouloit introduire contre la coustume receuë, & approuuée, car les Anciens vsent souuent d'Enigmes, & de metaphores pour exprimer leurs pensées. Or comme il ne faut qu'vne seule corde dissonãte pour gaster vn concert entier, de mesme la seule proposition, ou l'introduction d'vne nouuelle loy, qui renuerse la coustume des peuples, est capable de faire dechoir les Republiques, & de perdre les Royaumes, & les Empires, qui sont establis sur l'vnisson que fait la volonté du peuple auec celle du Prince. Ce que l'on peut confirmer par l'experience de plusieurs nations, qui se souleuent, lors que l'on veut leur imposer quelque nouuelle loy, ou coustume, qui leur semble si dissonante, qu'ils ont plus de peine à l'endurer que n'ont les Musiciens à souffrir des discords dans l'harmonie : quoy que le temps, les occasions & la necessité le requierent, & qu'il arriue souuent que les nouuelles loix, & les nouuelles coustumes rēdent les Estats, & les Royaumes plus florissants, plus stables, & plus puissants, cōme il arriue que les dissonances & les fausses relations rendent la Musique plus agreable, & plus charmante, lors que l'ō en vse à propos, & aux endroits qui donnent autant de graces aux consonances qui precedent ou qui suiuent, que l'ombre donne de lustre à la lumiere, ou aux couleurs.

Mais comme l'on experimente que les Musiciens qui n'ōt autre raison que leur fantasie, & quelque vieille routine, qu'ils ont apprise de leurs maistres, sont tellement preuenus de l'authorité, ou de la coustume, qu'il n'y a plus de place dans leur esprit pour la raison, & qu'ils blasment certains passages, à raison qu'ils n'en osent pas vser, ou qu'ils ne les sçauent pas employer comme il faut, quoy qu'ils enrichiſſent grandement la compoſition, & qu'ils ſoient iugez tres-excellens, & receuz pour des raretez de la Muſique, par ceux, ſur qui la raiſon, & la demõſtration ont plus de force que la couſtume; de meſme l'on experimente que le peuple qui ne regarde qu'à ſes pieds, & à ce qui eſt apparent, n'approuue pas pour l'ordinaire ce qui va contre ſon ſens, & ce qui ſemble combatre la couſtume, quoy qu'il ſoit vtile, ou neceſſaire pour le bien general du public, & que ceux qui gouuernent l'eſtat, dont l'eſprit penetre iuſques au futur, & les conſeils, & reſolutions ſ'eſtendent par toute la Republique, comme les rayons du Soleil par tout le monde, pour conſeruer & augmenter la gloire, & la ſplendeur des Eſtats, iugent qu'il eſt expedient de changer quelques couſtumes, & de faire de nouuelles loix, qui ne ſont pas moins vtiles, ou neceſſaires au bien public, que les pluyes, la neige, la glace, & les vents à la terre, quoy que les orages épouuantent les vignerós, & les laboureurs, qui ne ſont pas aſſez experimentez, ou qui n'ont pas aſſez de iugement pour

pour preuoir qu'il n'arriuera autre chose de ce temps, qui leur semble si rude & si fascheux, que l'abondance de toutes sortes de fruits, dont ils auront apres suiet de leuer les mains au Ciel pour benir l'Eternel, qui fait naistre de si agreables accords, de si rudes dissonances, qui fait reüssir des saisons si estranges à de si grands biens, & qui tire tant de graces, & de benedictions, pour les répandre sur nous, de ce qui sembloit attirer sa malediction sur nos testes.

En effect quand nous trouuons à redire aux differentes rencontres, qui arriuent aux bons & aux mauuais, & aux afflictions, & douleurs, dont les gens de bien sont atteints, tandis que les méchants prosperent, nous sommes semblables à la lie du peuple, qui iuge sinistrement des actions de ceux, dont il doit suiure la conduite, & dont il ne peut raisonnablement attendre qu'vn heureux succez, s'il a tant soit peu de patience.

Car il faut croire que Dieu estant vn tres-bon Pere ne prend iamais les verges pour nous chastier, que ce ne soit tousiours pour nous rendre meilleurs,

& plus riches en vertus, & pour separer nos affections des choses mortelles, & perissables, afin de les porter, & de les attacher à l'Immuable, & à l'Eternel, & qu'il n'employe nulles dissonances dans le grand cõcert de toutes les creatures, qui toutes chantent ses loüanges, chacune à sa façon, que ce ne soit pour rendre l'harmonie qui en resulte, plus charmante, & plus parfaite.

Or puis que les chordes qui seruent aux dissonances ne rõpent pas, & souffrent auec aussi peu de contrainte d'en estre le sujet, comme font les chordes qui seruent aux consonances; & qu'elles semblent témoigner ce contentement par leurs petits sauts, & tremblemens, il est raisonnable que tout homme se sousmette tres-volõtiers, & auec contentement à la conduite de la prouidence Diuine, & qu'il reçoiue également de sa tres-iuste main les dissonances des aduersitez, & des maladies, & les consonances des prosperitez, & de la santé: ce qui est tres-aysé à faire, si l'on penetre plus auant dans le dessein de Dieu que ne fõt ceux qui cherchent seulement les douceurs, & les plaisirs de ce monde, dont la pratique, & l'experience leur agrée dauantage que la speculation.

Mais ceux qui sont plus sçauans, & qui s'estudient à la Theorie de la volonté de Dieu, & de ses desseins, dans lesquels ils entrent souuent, comme dans le souuerain Sanctuaire; & dont ils sortent apres auec des satisfactions d'esprit qui ne peuuent estre expliquées de la langue des hommes, sont aussi contents de souffrir que d'agir, & d'estre le suiet, ou l'obiect des disgraces du monde, que de ses faueurs, parce qu'ils reconnoissent que Dieu les gouuerne, & qu'il les a destinez pour cette partie de l'harmonie vniuerselle, tandis qu'il cõduit le concert à sa fin, c'est à dire à l'octaue, & à l'vnisson de la gloire eternelle, qu'il donnera à tous ceux qui auront bien tenu leur partie, & qui se seront contentez du lieu qui leur a esté donné par le souuerain Maistre du grãd chœur de l'vniuers.

Quant à la doctrine de Socrate, il la faut prendre au mesme sens; car tant s'en faut que le gẽreChromatic, & l'Enharmonic bãnisse les vertus, puis qu'ils sont propres pour la contemplation des choses celestes, & pour le rauissement, & que le genre Diatonic demeure imparfait sans leur assistance, comme l'on verra dans des discours particuliers.

La quatriesme obiection est, ce semble, plus difficile que les precedentes, car il est vray que le degré Enharmonique, c'est à dire la Diese, ne sert pas ordinairement pour passer d'vne consonance à l'autre, dautant qu'elle n'en est pas la differẽce. Quant au degré Chromatique, à sçauoir au demiton mineur, il est la difference des deux Tierces, & des deux Sextes, c'est pourquoy il le faut receuoir comme necessaire, puis que l'on passe de la moindre de ces consonances à la plus grãde, & que la voix en vse souuent, tant aux simples recits, qu'aux compositions à plusieurs voix.

Pour la Diese, encore qu'elle ne procede pas de la difference des consonances, comme le degré Chromatique, neantmoins elle est la difference du demitõ maieur, & du mineur, & sert pour trouuer les consonances iustes aux endroits du clauier des Orgues parfaictes, qui ne s'y pourroient pas rencontrer sans elles. Mais ie parleray plus amplement de cette Diese au discours des degrez qui sont necessaires à la Diatonique, ou dans celuy de toutes les manieres, dont on peut passer d'vne consonance à l'autre : & bien que ce degré fust au dela de ce que fait la nature, il ne faudroit pourtant pas le reietter, puis qu'elle reçoit plusieurs ornemens, & perfections de l'art.

Il n'est pas besoin de parler icy du Comma, qui est la difference du ton maieur & du mineur, puis qu'il ne sert que pour trouuer les consonances iustes aux endroits où elles seroient imparfaites, & pour oster la necessité du temperament de l'Orgue, & des autres instrumens : de là viẽt que les deux sons, & les deux touches, qui ne sont éloignées que du Comma, ne doiuent estre contées que pour vne mesme touche, & pour vn mesme son, & consequemmẽt qu'il n'y a que 16. sons, chordes, ou touches differẽtes dans le systeme parfait, à proprement parler, puisque dans l'Octaue qui commence par F, le second G, est pris pour le premier, & que dans celle qui commence par C, le second D, est pris pour le premier, comme ie fais voir ailleurs dans l'explication de ces deux Octaues.

La cinquiesme obiection prouue plustost qu'il faut admettre les petits interualles du genre Enharmonique, & mesme ceux de tous les autres genres que l'on peut inuenter, puis qu'elle est appuyée sur le ieu de l'esprit, qui consiste à connoistre toutes les raisons possibles. Quant à l'oreille, il suffit qu'elle soit satisfaite de la perfection des cōsonances, qui ne peut se rencontrer sans le genre Enharmonique; & ie croy que les Compositeurs aduoüeront librement que la perfection de tous les accords (qui sont diminuez, ou augmentez sur les instrumens ordinaires) recompense abondamment la difficulté que l'on prend pour la Diese Enharmonique, qui peut grandement enrichir la Musique, si l'on en vse dextrement.

Toutesfois si les Praticiens craignent que l'vsage du genre Enharmonic les lasse trop, & les rende ineptes à la speculation des autres choses plus serieuses, ou que leurs occupations ne permettent pas qu'ils comprennent le delicatesse de ce genre, ils sont libres de ne s'en seruir pas, & peuuent quitter la Musique pour vaquer à des speculatiōs plus releuées : quoy qu'il ne soit nullement necessaire de les exhorter à cela, puis que tant s'en faut qu'ils vueillent contempler des veritez plus excellentes, puis qu'ils ne recherchent seulement pas les raisons de ce qu'ils font dans leurs composition.

Mais cette obiection ne combat nullement ceux qui vsent de la Musique, comme d'vn doux repos pour soulager leur esprit, & pour les porter à la contemplation de l'harmonie Celeste, qui sert d'entretien aux bien-heureux, & qui la ioignent au labeur, comme les peintres ioignent les ombres aux couleurs, pour donner de la grace à leurs speculations plus releuées, & pour retourner auec plus d'allegresse à leur trauail ordinaire.

En effect si la Musique doit seruir à quelque vsage, & si sa pratique a quelque fin, elle n'en peut auoir de plus excellente, apres la gloire de Dieu, qui est la derniere fin de toutes les choses possibles, que la recreation des sçauans, qui consomment leur temps, & leur esprit à la meditation des mysteres de la Religion, & à la recherche des raisons, qui seruent pour combatre tous ceux qui s'opposent à la verité infaillible de nostre Foy, & pour persuader cette verité, & les vertus qui en depẽdent, à tout le monde.

La derniere obiection suppose la mauuaise volonté de ceux qui abusent de la Musique, & qui vsent à mauuais dessein des petits interualles Chromatiques, & Enharmoniques; car le plaisir qui en reuient, est si chaste, & si pur, qu'il faut estre plus effeminé que Sardanapale pour s'en seruir à des vsages prophanes, & lascifs: & l'on experimente que le bon vsage de la Musique n'effemine pas les auditeurs, mais qu'il les rend plus polis, & plus vertueux, & que de farouches qu'ils estoient, ils deuiennent plus courtois, plus doux, & plus accords, & consequemment plus propres à toutes sortes d'affaires.

De là vient que l'on dit qu'Orphée batissoit les villes auec les sons de son Luth, parce qu'il rauissoit tellement les hommes, qui viuoient separez, par se discours, qui leur persuadoit de demeurer ensemble, & de faire des villes, & des citez pour leur retraite, & pour leur seiour : mais i'ay parlé plus amplement de ce suiet dans vn discours particulier.

Quant à ce que l'on obiecte de l'inutilité des Musiciens ordinaires, que l'on appelle Menestriers, dont plusieurs se seruent pour leur passe-temps, il ne sont pas blasmables, puis qu'ils se seruent de leur industrie pour entretenir leurs familles, car encore qu'ils ne soiét pas si vtiles que les autres artisans, on les peut neantmoins tolerer dans les Republiques, puis qu'ils ne font tort à personne, & que chacun peut receuoir quelque partie du plaisir innocent, qui procede de leurs sons, & de leur harmonie.

Quant à ceux qui seruent à chanter les loüanges de Dieu, on ne sçauroit leur donner trop de loüange, puis qu'ils font l'office des Anges, & qu'ils representent le Paradis dans ce monde, & l'Eglise Triomphante dans la Militante.

C'est pourquoy ils peuuent auec toure asseurance de leur conscience, passer les iours & les nuicts à trouuer de nouueaux chants, & de nouueaux charmes dans les trois genres de Musique pour éleuer tous les mortels à la contemplation des choses diuines, & pour échauffer & embrasser leur volonté du desir de la Ierusalem celeste, & de l'amour de Dieu, afin que toutes les creatures, & particulierement la Musique, nous seruent de degré pour paruenir à la gloire eternelle, & pour nous vnir à celuy, dont nous esperons toutes sortes de biens, & de contentemens.

I'exhorte donc tous les Musiciens du monde à n'employer leurs compositiõs qu'à chanter les loüanges de Dieu, & à s'exciter les vns les autres à le loüer par ces paroles du Prophete Royal: *Ecce nunc benedicite Dominum omnes serui Domini, &c.* dont se seruoient vne partie des Leuites, pour aduertir les autres, tandis qu'ils passoient les nuicts entieres dans le Temple de Salomõ en prieres & oraisons: & que l'on peut exprimer par cette excellẽte Paraphrase que l'vn de mes amis excellent Poëte, & Theologien a composée.

Vous qui passez en heur tant de peuples diuers,
Qui seruez purement l'Autheur de l'vniuers,
Et connoissez la main qui lance le tonnerre,
Fauoris du Seigneur, qui vous ouure les yeux,
Venez chanter sa gloire, & soyez sur la terre
Ce que pour le benir les Anges sont aux Cieux.

Témoignez vostre ardeur vous en qui Dieu s'est
Saincts Ministres éleuz entre le peuple éleu. (plein,
Qui comme ses soldats veillez à ses portiques,
N'en laissez approcher silence ny sommeil,
Et portez jusqu'au Ciel le bruit de vos Cantiques
Tant que le sein des eaux nous rende le Soleil.

Quand la nuict vient noircir les objects les plus
beaux,
C'est lors qu'il faut veiller auecque ces flambeaux,
Dont les rayons dorez illuminent ses voiles,
Et leuant tout ensemble, & vos yeux & vos mains
Publier sa grandeur à l'enuy des étoiles,
Et vous rendre vn exemple au reste des humains.

Que le Dieu tout puissant qui forma tout de rien
Qui cognoist le vray prix & du mal & du bien,
Te prepare vn loyer digne de sa justice,
Qu'vn bon-heur eternel réponde à tes ferueurs.
Que quand tu le benis, luy-mesme te benisse,
Et donne à ton amour ses plus cheres faueurs.

QVESTION VIII.

A sçauoir si les chordes parfaitement égales estant tirées d'vn mouuement égal, ou d'vne force égale par les deux extremitez, ou par vne seule extremité se romproient, & par quel lieu elles se romproient

IE suppose qu'vne chorde d'or, d'argent, de cuiure, de fer, ou de quelque autre matiere que l'on voudra, soit parfaitemẽt égale en toutes ses parties, il faut voir si elle se rompra, & par quelle partie elle se rompra.

Premierement, quelques-vns tiennent que cette chorde ne peut estre rõpuë, dautant qu'il ny a pas plus de raison qu'elle se rompe par vne partie que par vne autre; & adioustent que si elle se rompoit, il faudroit qu'elle se diuisast en toutes ses parties. Ce qui ne peut arriuer, autrement il se feroit vne diuision d'vne infinité de parties; ce que ie veux expliquer par d'autres exemples, par lesquels l'on comprendra mieux ce que i'ay dit de la chorde.

Ie commence par vne boule de fer enfermée au centre de la terre, qui auroit son centre conioint audit centre, ou qui auroit ses parties également rares, ou condenses: Car bien que toute la terre fust vuide, & qu'elle n'eust que l'écorce de sa surface, neantmoins ce fer ne pourroit monter en haut d'vn costé ny d'autre, parce que n'y ayant point de raison pourquoy il monte plustost par vn costé que par vne autre, il seroit indifferẽt, & ne pourroit quitter ce lieu, encore qu'il y eust esté enfermé auec violẽce, & qu'il ny ait rien qui l'empesche de monter.

Quelques-vns rapportent ce repos violent, & ce défaut du mouuement à la crainte du vuide, qui se feroit au centre de la terre, si les parties du Globe de feu montoient toutes ensemble, ny ayant pas plus de raison qu'vne certaine partie commence son mouuement, que quelqu'autre partie que ce soit.

En effect nous voyons d'estranges accidens dans la nature, qui arriuent pour empescher le vuide: comme quand vn peu de poudre enfermée dans vne mine, ou dans vn canon, fait creuer les montagnes, & iette les bastions entiers par terre; ce que l'on peut rapporter à la fuite de la penetration, qui est aussi contraire à la nature, ou du moins qui surpasse autant ses forces, comme le vuide.

L'on peut rapporter plusieurs exemples sur ce suiect, car si l'on fait chauffer vne bouteille vuide, & que l'on mette son col dans l'eau, elle montera dans la bouteille contre la proprieté qu'elle a de descendre, d'autant que quand l'air échauffé sent le froid de l'eau, & d'vn autre air plus froid, il se resserre, & se condense, c'est pourquoy l'eau monte pour remplir le vuide que fait l'air, qui se retire dans vn moindre lieu.

L'on rend la mesme raison des deux costez d'vn soufflet parfaitement bouché, & fermé, lequel on ne sçauroit ouurir; de deux pieces de bois, de marbre, ou d'autre matiere parfaitement planes, lesquelles estant mises l'vne sur l'autre ne peuuent estre separees, si on les tire perpendiculairement, car on les peut separer par vn mouuement horizontal, auquel il n'y a nul peril du vuide : des ventouſes, qui attirent la chair qui ſ'enfle, de peur que l'air échauffé ne laiſſe du vuide en ſe condenſant : des tonneaux, ou des bouteilles, qui ne perdent point leurs liqueurs, encore qu'elles ſoient ouuertes en bas, dautant que s'il en tomboit quelque goutte, il ſe feroit du vuide au fond du vaiſſeau, parce que l'air ne peut ſucceder. Quoy que s'il ſe fait quelque rarefaction dans la liqueur, il en peut ſortir quelque parties, ſans qu'il ſoit beſoin que l'air y entre.

Il y a mille autres effects que l'on peut attribuer au deſir que la nature a de fuir le vuide, ou au deſir quelle a que ſes parties ſoient vnies, dont l'experience ſe void aux tuyaux courbez de verre, de fer, ou d'autre matiere : Car ſi l'on met l'vne de leurs extremitez dans vn étang, dans vn tonneau, dans vne fontaine, &c. & que l'autre extremité de dehors ſoit plus baſſe que la liqueur de dedans, ſi toſt que l'on aura tiré la liqueur auec la bouche, ou que l'on aura remply le tuyau d'vne ſemblable liqueur, ou de celle autre que l'on voudra, le ſiphon coulera perpetuellement iuſques à ce qu'il ayt épuisé l'estang, la fonteine, & mesme toute la mer, pourueu que l'on aye vn lieu plus bas qu'elle, pour la faire écouler, & sortir de sa place.

Ce qui peut seruir à ceux qui sont separez par des rochers, & des montagnes, ou par quelqu'autre empeschement, dont les vns ont vne fontaine, ou vn puis, & les autres n'en ont point, car ceux qui ont l'eau, la peuuent communiquer aux autres par vn canal, qui passe par dessus, ou par dessouz l'empeschement. Mais ie reuiens aux chordes que quelques-vns tiennent ne pouuoir estre rompuës estant tirées également par les deux bouts, quād elles sont parfaitement égales, quoy que les Anges y employent toute leur force.

L'on peut encore icy rapporter l'exēple de l'eau, & de la terre, car si ces deux élemens estoient où sont les nuées, ils ne pourroient reuenir dans leur lieu, s'ils estoiēt disposez en voûte, & si toutes leurs parties estoient égales, & également éloignées du centre du monde, parce qu'il n'y auroit point de raison pour laquelle vne partie d'eau, ou de terre descendit plustost l'vne que l'autre:

tre. C'est pourquoy quelques-vns disent que les Anges pourroient changer l'ordre de l'vniuers, si Dieu le leur permettoit, bien qu'ils ne se seruissent que de leur force naturelle, car ils pourroient mettre le feu, ou les Cieux au centre du monde, & au lieu de la terre, puis l'air, l'eau, & la terre au dessus, cōme l'on peut conclure de ce que nous auons dit iusques à present: par consequent il semble qu'il est plus difficile de rōpre la moindre chorde d'vne épinette, ou le moindre filet estant égal en toutes ses parties, qu'il n'est difficile de renuerser tout le mōde; ce qui semble encore plus probable, quād la chorde est circulaire, car toutes ses parties resistent également, comme toutes les parties d'vne sphere concaue de verre, laquelle ne pourroit estre rompuë, encore qu'elle fut tres-déliée, & tres-mince en toutes ses parties, & qu'elle contint toute la poudre à canon, qui a iamais esté faite, car cette poudre estāt enflammée égalemēt, & frappant également toutes les parties de la boule concaue de verre, ne pourroit la rompre, si elle ne la rompoit dans vne infité de parties, ce qui n'est pas possible. Mais il faudroit necessairement que la violence fust également appliquée à toutes les parties en mesme instant, ou moment, autremẽt la chorde circulaire, & les autres corps disposez en rond se romproient par le lieu le plus pressé, & le plus violenté.

Le 3. exemple se prend d'vn globe parfait de telle pesanteur que l'on voudra, lequel tombant d'vne hauteur dõnée sur vn verre parfaitement plan, ne le pourroit rompre, s'il ne le rompoit en vne infinité de parties; & plusieurs croyent que la raison pour laquelle les choses pesantes vont en bas, & les legeres en haut, & que toutes les actions naturelles des simples, ou des mixtes se font par vne ligne droite, se prend de ce qu'il ny a que la ligne droite qui soit determinée, dautant qu'elle est la plus courte de toutes les possibles.

De là vient que les facultez qui nous seruent pour cognoistre les objects, cõme est l'ẽtendemẽt des anges, & des hõmes, la fantaisie, & les sens exterieurs, (& la cognoissance naturelle des mixtes, & des élements, s'ils ont quelque vestige, ou quelque ombre de connoissance analogue à leur desir, ou appetit naturel, comme tiennent quelques Philosophes) ne peuuent rien connoistre, si elles ne sont determinées par les images des obiects acquises, ou infuses, car ne pouuant se porter à la connoissance de tous les obiects possibles, (n'y ayant que Dieu seul, dont l'entendement est determiné par soy-mesme de toute éternité à la connoissance de toutes les choses possibles,) il n'y a point de raison pourquoy les Anges, les hommes, ou les bestes connoissent plustost vne chose, qu'vne autre, si ce n'est parce que leurs facultez sont determinées par les especes, ou images, qu'elles ont receuës, & mendiées d'ailleurs.

Or cette indetermination sert encore aux Philosophes, qui disent que les indiuidus ne peuuent estre ce qu'ils sõt, si Dieu ne les determine à estre tels, ou tels indiuidus : par exemple, ils croyent qu'il n'y a point de raison pourquoy Pierre est plustost l'indiuidu, que nous appellons Pierre, qu'il n'est Paul; pourquoy ceste mousche, ceste fourmy, &c. est plustost telle en nombre, ou selon son indiuidu, qu'elle n'est autre indiuiduellement, si ce n'est par ce que Dieu determine, que chaque chose soit tel, ou tel indiuidu, ce qui nous fournit vne nouuelle matiere pour les actions de grace que chacun doit rendre à Dieu, de ce qu'il la determiné à estre tel qu'il est indiuiduellemeut, & personnellement.

Ils veulent aussi que Dieu determine les degrez des qualitez qui se corrompent, quand ils sont d'vne mesme nature, parce qu'il n'y a point de raison pourquoy la corruption commẽce plustost par l'vn des degrez, que par l'autre; que l'entendement ne puisse croire, ou suiure quelque verité, quand il a des raisons aussi fortes pour douter, comme pour asseurer; & qu'vn animal estant au milieu de deux obiects, qu'il apprehende également, (comme l'on dit ordinairemẽt de l'asne de Buridan mis entre deux mesures d'auoine) ne peut aller à l'vn, n'y à l'autre.

A quoy les Theologiens adioûtent que le Prestre ne peut consacrer vne Hostie entre plusieurs, qu'il ne veut pas consacrer, s'il ne la determine, & s'il ne la separe, du moins auec la pensée. Ce que l'ō peut aussi dire de celuy qui voudroit baptiser deux ou trois enfans entre plusieurs autres, sās les determiner.

D'où l'on peut, ce semble, conclurre qu'il ny a rien au monde qui se puisse determiner, ou qui soit determiné de soy-mesme, que la volonté, & l'entendement de Dieu : Par consequent nostre volonté a vne puissance qui approche plus de la puissance de Dieu, que tout ce qui est dans l'vniuers; c'est pourquoy nous la deuons garder en sa pureté, & estre plus soigneuse de sa perfectiō que de toutes les autres choses du monde, & mesme que de nostre entendemēt, qui ne peut auoir nulle pensée, s'il n'est determiné d'ailleurs. Or il semble que tous ces exemples sont suffisās pour persuader que la chorde qui seroit égale en toutes ses parties, estant également tirée par ses deux extremitez, ne pourroit estre rompuë; Neantmoins il est croyable qu'elle se romproit pour deux raisons, dont i'appliqueray la premiere à la chorde égale mise sur le monochorde, à laquelle vn poids donné seroit suspēdu. Ie dis dōc que la partie de la chorde qui est proche du poids, a plus de peine, & souffre dauantage que les parties qui en sont plus éloignées.

Car les parties voisines sont tirées auant les éloignées, de maniere que (supposé qu'il faille deux attractions, ou deux efforts pour rompre la chorde) le premier effort est premierement cõmuniqué aux parties voisines, puis aux autres successiuement, iusques à ce que l'effort soit communiqué à la chorde entiere : en apres le second effort commence encore par les parties voisines, qui obeïssent les premieres à la force, & quittent l'vnion qu'elles auoient auec les autres, dautant qu'elles ne peuuent plus subsister, n'y resister à la force.

Cette raison est fondée sur l'experience, car de cent chordes de toutes sortes de metaux que i'ay fait rompre par la force des poids, à peine s'en rencontre-il deux qui ne rompent proche du poids, ou de la force ; & neantmoins il est tres certain que toutes les chordes tirées par le mesme trou d'vne filiere, ne sont pas tousiours plus foibles à l'endroit, où elles se rompent, qu'aux autres lieux, qui sont plus éloignez du poids : par consequent si elles se rompent prés du poids, encore qu'elles soient plus fortes, il faut necessairemẽt conclurre qu'elles se romproient au mesme lieu, encore qu'elles fussent parfaitement égales.

La seconde raison seruira pour les chordes parfaitement égales, qui sont tirées également par les deux extremitez, auec des poids égaux, ou en quelqu'autre maniere, car le premier effort estãt communiqué à toutes les parties, mais premierement aux parties voisines, s'il ne faut que deux efforts pour rompre la chorde, il semble qu'elle rõpra par les deux extremitez en mesme temps, puis que le second effort affectera premierement les parties qui sont proches des poids, ou des forces.

Ce qui est contre l'aduis de ceux qui tiennent, que la partie du milieu est la premiere agitée d'vn costé & d'autre; c'est à dire qu'elle est tirée en mesme temps: par exemple, vers le Midy, & retirée vers le Septentrion; car, disent-ils, la premiere partie de la chorde est premierement tirée, puis la seconde par le moyen de la premiere, la troisiesme par le moyen de la seconde, & ainsi consequemment, iusques à ce que l'effort soit paruenu à la derniere partie.

Secondement la premiere partie est encore retirée, mais c'est par le moyen de la seconde, & la seconde est retirée par le moyen de la troisiesme, & ainsi des autres iusques à ce que l'on vienne à la partie du milieu, qui endure l'attraction d'vn costé, & la retraction de l'autre en mesme temps: ce qui la fait rompre.

Mais si cette raisõ supose que la chorde soit premierement tirée d'vn costé, i'ay fait voir par la premiere raison fondée en mille experiences qu'elle romperoit prés de la force: & si cét effort viét des deux costez en mesme temps, il semble que la partie du milieu receura la premiere les deux efforts en mesme temps, car les deux forces estant en acte, & faisant leur effort en mesme temps, la partie du milieu sera plustost agitée, & affectée des deux efforts que nulle autre; par consequent la chorde parfaitement égale & estant égalemẽt tirée des deux costez en mesme temps, semble se deuoir rompre par le milieu, nonobstant l'autre raison que i'ay apportée, qui ne conclud que pour la chorde qui est seulement tirée par vn bout, quoy que l'õ puisse dire que l'autre bout, par lequel elle est attachée, & arrestée, fait le mesme effort que le poids de la force qui bande la chorde par l'autre bout, & par consequent que ces deux efforts se rencontreront plustost ensemble au milieu, qu'aux autres parties de la chorde; ce qui n'arriue pourtant pas, puis que les chordes se rompent tousiours vers les poids: de sorte qu'il faut dire qu'elle se rompra par les deux bouts en mesme tẽps, s'ils sont également forts, & égalemẽt violentez; mais ie veux icy donner les experiences tres-iustes que i'ay faites.

Les chordes les plus égales en toutes leurs parties qui se puissent rencontrer, estant tirées également par les deux bouts, soit auec des poids égaux, ou par quelqu'autre force égale, se rompent tousiours par l'vn des bouts vers le lieu où est le poids, ou la force, & iamais par le milieu.

C'est pourquoy il semble que l'attraction, ou l'impressiõ qui se fait aux deux extremitez, ne se communique pas au milieu auec tant de violence, & que les deux impressions qui s'y rencontrent, sont plus foibles que l'vne de celles, qui se communiquent à l'vn des bouts de la chorde. Ce que l'on peut confirmer par plusieurs experiences, qui font paroistre que la force agit plus puissamment sur les parties de l'obiect qui sont proches, que sur les éloignées, comme l'on experimente au feu, qui échauffe le bois, ou quelqu'autre chose, & au mouuement que l'on imprime à vne longue chorde, & aux chordes auec lesquelles l'on tire les bateaux, car les deux extremitez de ces chordes sont si fort tenduës, qu'elles se rompent souuent, encore que le milieu soit si lasche qu'il tombe par terre, ou dans l'eau: quoy que la difference de cette tension ne soit pas sans de grandes difficultez qui meritent vn autre lieu.

Mais puis que la chorde se rompt tousiours par vne seule de ses extremitez, il est necessaire que celle, par où elle rompt, soit plus foible que l'autre, car il n'y a point de raison pour laquelle elle se rompe plustost par vn bout que par l'autre, sinon parce qu'elle s'y trouue plus foible : ou si l'õ ne dit que l'Autheur de la nature determine l'extremité, par laquelle elle se rompt.

Ce qui arriue aux chordes de cuiure, arriue pareillement à la soye, & au fil: c'est pourquoy l'on peut dire que la chorde égale en toutes ses parties ne se rompra iamais par le milieu, quand elle sera tirée également par les deux bouts, soit qu'õ la tende perpendiculairemẽt, ou horizontallement, & que l'on applique les forces à ses deux extremitez, ou au milieu iusques à ce qu'elle rõpe: Car en quelque maniere que l'on l'estende, elle rompt tousiours par l'vne de ses extremitez, quoy que les bastõs parallelles à l'orizon rompent par le milieu, qui est pressé & violenté par le poids, ou par la force que l'on y applique, dont i'explique la raison dans le traité des Mechaniques.

QVESTION IX.

A sçauoir pourquoy les Grecs ont plustost vsé des Tetrachordes ou des Quartes pour establir la Musique, que du Pentachorde, de l'Exachorde, ou de quelqu'autre nombre de chordes ; où l'on void plusieurs belles remarques sur le nombre de 4. & où le 3. probleme de la 15. section d'Aristote est expliqué.

LEs Grecs ont plustost vsé du Tetrachorde que d'vn plus grand, ou d'vn moindre nombres de chordes, à raison que la Quarte, ou le Diatessaron est la moindre de leurs consonances. Or le moindre en chaque genre est la regle de toutes les autres choses qui en dependent, & nous ne trouuons point qu'ils ayent recônu de moindres consonances que la Quarte, d'autant que les autres interualles moindres que la Quarte, comme sont les Tierces, ont plus de bastemés d'air qui ne s'vnissent point, qu'ils n'en ont qui s'vnissent, cõme i'ay monstré ailleurs.

Il faut donc conclurre qu'ils ont pris le Tetrachorde pour le fondement de la Musique, parce que la Quarte, ou le Diatessaron de chaque genre contient 4. chordes, dont ils nomment la plus basse, & la principalle, *hypate hypaton*; la 2. *parypate hypaton*, la 3. *hypate meson*, & la 4. *parypate meson*, qui ne sont autre chose que les 4. chordes qui sõt nostre *mi*, *fa*, *sol*, *la*; dont la 1. & la 4. à sçauoir *mi*, *la*, font la consonance, que les Praticiens appellent la *Quarte*. De là vient qu'ils ont composé leurs systemes de 4. ou 5. Tetrachordes, qui ne sont autre chose que la repetition du Tetrachorde, qui contient tous les moindres interualles de la Musique, à sçauoir le ton maieur, & le mineur, & le demiton maieur dans la Diatonique, qui est la plus aysée, & consequemment la plus naturelle.

A quoy l'on peut adiouster qu'ils ont composé l'Octaue de 2. Tetrachordes disioints, & separés par le ton maieur, de sorte que le Tetrachorde leur a seruy de regle, & de compas, ou de mesure pour regler, & pour mesurer toute la Musique : quoy que Guy Aretin ayt pris l'Exachordes dans lequel il a compris les trois especes de Quarte, comme i'ay dit ailleurs.

L'on pourroit encore s'imaginer qu'ils ont fondé toute la Musique sur le Tretachorde, à raison que leurs premiers instrumens n'auoient que 4. chordes, dont on peut tirer toutes sortes de châts, & d'harmonies, comme l'on experimente sur les Violõs, auec lesquels les excellẽs Maistres representent quasi tout ce que l'on peut s'imaginer, comme ie diray dans le liure des Instrumens.

Il ne faut pourtant pas s'arrester à ce nombre de chordes, soit qu'ils ayent voulu representer le nombre des elements, ou les 4. saisons de l'année, ou quelqu'autre quaternaire de choses par leurs 4. chordes, ou qu'ils les aiẽt iugées suffisãtes pour toute sorte d'harmonie, dautant que l'on sçait que plusieurs autres ont mis 7. chordes sur leurs instrumens, comme l'õ void dans l'Amphion des Tableaux de Philostrate, & en plusieurs reuers de medailles; & que les autres ont vsé de 8. ou 9. chordes, & les autres de trois seulement, comme

Olympe au rapport de Plutarque, & Mercure, dont parle Diodore : mais ie parleray plus amplement du nombre de ces chordes dans vn liure particulier.

Car ie veux employer le reste de ce discours à l'examen du quaternaire, qu'ils ont peut-estre choisi, parce qu'il represente tous les nombres, dautant que ses parties estant adioustées font dix, qui finit, ce semble, tous les nombres, puis qu'il comprend le nombre pair, & l'impair, le quarré, le cube, & le premier composé, comme remarque Aristote dans le 3. Problesme de la 15. section, où il dit que le dix est la fontaine, & le principe des nombres, parce qu'il est composé d'vn, de 2, de 3, & de 4, que les Thraces ne passoient nullement en cõptant, soit qu'ils eussent la memoire si courte, ou l'imagination si foible qu'ils ne peussent cõpter que iusques à 4. ce qui n'est pas vray semblable, attendu que les 5. doigts de la main apprennent du moins à conter iusques à 5. & ceux des 2. mains iusques à dix; où qu'ils ayent voulu signifier que l'on peut trouuer toutes les parties tant aliquotes, que quantiesmes, ou aliquantes du dix dans le quaternaire, car l'on y trouue premierement 1. 2. 3. & 4; & puis 5. en adioustant 1. à 4 ou 2. à 3; & 6. en adioustant 2. à 4; 7. en adioustāt 4. à 3; 8, en adioustant 1, 3, & 4; 9, en adioustant 2, 3 & 4; & finalement dix, en adioustant 1, 2, 3 & 4.

Aristote rapporte encore vn autre priuilege du nombre denaire, à sçauoir qu'il a dix proportions, ou analogies, dans lesquelles 4. cubes sont accōplis, ce qui est si mal aisé à expliquer, que Pierre de Appono y a trauaillé 4. ans, au bout desquels il dit, qu'vne lumiere particuliere luy feist conceuoir que dix fois dix, c'est à dire 100. contiennent les 4. premiers cubes, à sçauoir 1, 8, 27, & 64, lesquels estant adioustez font cent: mais outre qu'il n'explique pas, comment le nōbre denaire contiēt ces 4. cubes, & qu'Aristote ne parle pas du nombre de cent, mais de celuy de 10. il ne mōstre pas comment ce nombre cōtient 10. analogies, que l'on pourroit expliquer des 10. termes qui se suiuent en progressiō Geometrique multiple en commençant par l'vnité: par exemple de de ceux-cy, 1, 2, 4, 8, 16, 32, 64, 128, 256, & 512, dont le premier, le 4, le 7, & le dernier sont 4. cubes, par le 8. du 9. des élemens, s'il estoit seulement question de 10. termes analogiques, & proportionels : mais puis qu'Aristote parle des 10. analogies, il faut les trouuer dans le nombre denaire, ou confesser qu'il n'a pas parlé proprement, ou qu'il n'a pas bien entendu le mot d'analogie, car il faut 30. termes pour faire 10. analogies.

C'est pourquoy l'on ne peut expliquer le sens de ce Probleme pris à la rigueur qu'en disant que les 10. Analogies comprises par le nombre denaire sont celles que les 10. nombres qu'il contient, qui sont les racines, & la vertu des 10. analogies qui suiuent, dont la premiere est de l'vnité, qui est sa racine, son quarré & son cube [illegible] est de la mesme vnité, qui sert tousiours de premier terme à chaque proportion, comme l'on void icy [illegible] 4 [illegible], 9 [illegible] 1, [illegible] 49 [illegible] 8, 64 [illegible] 10, 100 [illegible]

Par où l'on reconnoist que la derniere analogie se termine au quarré de 10.

& que le quaternaire contient les 4. racines des 4. cubes, qui font aussi le nōbre de 100. lequel est contenu dans 4 comme dans sa source, & dans son origine. Or ie veux encore remarquer quelques autres choses du nōbre quaternaire, & du denaire: par exemple, que la premiere, ou la moindre partie de 4. estant adioustée à 4. fait autant que ses 2. autres parties du milieu 2. & 3. adioustées ensemble, à sçauoir 5. & consequemment que ces 2. additions restituent le nombre denaire. En apres, que 4. est sesquitiers de ses parties aliquotes, & consequemment qu'il contient la raison de la Quarte, ou du Tetrachorde, dont nous auons parlé: que toutes ses parties, à sçauoir 1, 2, & 3. estant adioustées font 6. qui est sesquialtere de 4. d'autre part que ces 2. raisons font la raison de l'Octaue, l'ō peut dire que 4. represente toute la Musique [illegible]

Quant à 10. qui contient actuellement tous les autres nombres, puisque ceux qui sont par delà ne sont autre chose que la repetition des precedens & de leurs parties constituantes, (c'est à dire toutes les parties qu'il contient) estant adioustées sont 45. qui est quadruple sesquialtere de 10. lequel estant adiousté ausdites parties fait 55. qui est sesquitiere de 45. mais il est sesquiquarte de ses parties aliquotes qui sont 8. ausquelles estant adiousté, il fait 18. qui est double sesquiquarte de 9. à 4.

Or encore que l'on ne puisse trouuer la raison des choses naturelles dans les nombres, parce que nous ne connoissons pas les principes naturels, ils ont neantmoins de merueilleuses rencontres, qui peuuent seruir de conduite à l'esprit, pour contempler la nature des choses, car chasque nombre a quelque proprieté particuliere, qui ne peut conuenir aux autres, c'est pourquoy il peut seruir de charactere pour representer chaque espece, & chaque indiuidu.

Par exemple, l'vnité est propre pour nous faire conceuoir la Diuinité, le nõbre 120. dont les parties aliquotes font le double, c'est à dire 240. & le mesme 240. dont les parties aliquotes font le triple, vn moins, & tous les autres nombres abondans peuuent signifier les natures les plus fecondes, & les nobres 220. & 284 peuuent signifier la parfaite amitié de 2. personnes, dautãt que les parties aliquotes de 220. sont 284. & celles de 284. restituent 220. comme si ces deux nombres n'estoient qu'vne mesme chose.

Or il importe fort peu si ie n'ay pas rencontré la vraye raison pour laquelle ils ont plustost choisi ce nõbre de chordes qu'vn plus grand, dautãt que quelque nombre que l'on en prenne, le tout reuient à vne mesme chose, pourueu que l'Octaue, & les autres consonances soient parfaites.

QVESTION X.

A sçauoir si les sons forment les mœurs, comme suppose Aristote dans le 27. Problesme de la 19. section; & s'ils sont plus propres à exciter les passions de l'homme, que les couleurs, les saueurs, & les odeurs, &c. & pourquoy les sons ont cette vertu, & cette puissance.

ARistote nous donne suiet de discourir de cette matiere, lors qu'il dit au 27. Problesme de la 19. section que de tous les obiects des sens il n'y a que le son qui soit propre pour former les mœurs, à raison qu'il consiste dans vn mouuement, qui ne se remarque pas dans les couleurs, dans les odeurs, ou dans les saueurs, & que les actions ont vn semblable mouuement, de sorte qu'il prend l'imitation pour fondemẽt de sa solution, qui doit, ce me semble, s'expliquer en cette maniere. Le mouuement des sons est semblable aux actions, par le moyen desquelles on acquiert les habitudes de la vertu, & par lesquelles on est cõduit à la Morale; & consequemment ils sont propres pour exprimer, & pour former, & conseruer les mœurs, puisque chaque chose est engendrée, & conseruée par son semblable.

En effet l'on experimente que nos actions se font par le mouuement, qui produit vne habitude, lors qu'il est souuent repeté: de là vient que l'on apprẽd à chanter par habitude: ce qui n'arriue pas aux autres sens, qui supposent leurs obiects tous faits, mais chacun peut chãter, & consequẽment peut former des obiects propres pour son oreille : ce qui n'arriue pas aux couleurs, aux odeurs, & aux saueurs, qui sont hors de nous, & qui ne sont pas dans nostre pouuoir : De là vient que nous aymons mieux les sons, parce qu'ils dependent, ou qu'ils peuuent dependre de nous, cette dependance nous forçant quasi à aymer noz effects, comme l'on experimente aux parens, qui ayment beaucoup plus leurs enfans, quoy que difformes, que ceux des autres, encore qu'ils soient plus beaux. Ce qui arriue semblablement à ceux qui font des liures, des tableaux, ou d'autres ouurages, à raison qu'ils dependent d'eux: or l'on remarque cét amour, & cette affection que l'on a pour les sons, lors que l'on chante quelquefois sans penser à ce que l'on fait, quoy que l'on imite les chants que l'on a oüys.

Quant aux couleurs, on les tient quasi indifferentes, à raison qu'elles ne dependent pas de nous, & qu'elles n'ont nul mouuemēt semblable à noz actiōs, & à noz passions, comme ont les sons, qui seruent à exprimer les douleurs, les plaisirs, la cholere, & les autres affections de l'homme, & des animaux. Par où l'on peut entendre pourquoy les Anciens faisoient chanter leurs Loix, dont il est parlé au 15. & au 28. Probleme de la sectiõ 19. c'est pourquoy ils appelloient leurs chansons *des Loix*, à raison que l'on retient plus aysément ce qui se chante, parce que le mouuement du chant estant plus grand, & mieux reglé que celuy de la parolle, dont on vse ordinairement dans les discours, fait vne plus forte impression sur l'esprit des auditeurs, & particulierement sur les enfans, ausquels ont peut apprendre les Loix, auant qu'ils les puissent comprendre par raison, parce que leur esprit, & leur memoire est semblable à vne table d'attente, laquelle est susceptible de toutes sortes de couleurs.

De là vient qu'ils retiẽnent fort bien ce qu'ils ont appris en leur ieunesse, dõt les parens, & les maistres doiuent vser à leur aduantage, afin de leur imprimer les Loix, & la crainte de Dieu, qui doit estre le fondement de toute leur vie, & de leurs actions, puis qu'elle est la fontaine de la vie, dans les Prouerbes chapit. 14. & qu'elle est le commencement de la sagesse. Or puisque les mœurs se forment par les actions, & que les actiõs se font par des mouuemens, il faut vser des sons, qui imitent lesdits mouuemens: ce qui est difficile à connoistre, & à executer, car il faut sçauoir les chordes, qui sõt plus propres à toucher l'esprit les vnes que les autres, & combien de fois chacune doit estre touchée pour paruenir au dessein que l'õ se propose, & consequemment quelles chordes il faut laisser, & de quels interualles on doit vser, car les vnes sont propres à l'amour, les autres à la tristesse, & les autres à la ioye, & à la cholere.

Mais auant que de passer plus outre, il faut remarquer que la question proposée par Aristote peut estre reuoquée en doute, parce que l'on experimente que les couleurs, les saueurs, & les odeurs ont vn grand pouuoir sur nos passions, car comme vn tableau, ou vn visage triste, & mal proportionné nous fasche, & nous déplaist, de mesme les excellents tableaux, & les beaux visages nous rauissent de contentement, & l'on rencontre des tableaux du visage de nostre Sauueur, que l'on ne peut lõgtemps regarder sans conçeuoir vne grãde reuerence accompagnée de quelque sorte de crainte, & de frayeur: ce qui arriue semblablement lors que l'on enuisage de certaines personnes, dont le front, les yeux, & les autres parties du visage sont remplies d'vne si grande maiesté, & ont vne si grande puissance, qu'ils impriment tels mouuemẽs qu'ils veulent, soit de crainte, & de reuerence, soit de réioüissance, ou de tristesse, sur ceux qui les regardẽt attentiuemẽt. De sorte que l'on peut dire que l'impression qui se fait dans l'ame par les yeux est du moins aussi puissante que celle qui se fait par les oreilles. L'on experimente semblablement que les saueurs, & les odeurs ont vne grande puissance sur l'esprit, car la saueur amere, & l'odeur puante nous faschent extremément: & si l'on remarquoit aussi exactement les differens degrez des saueurs depuis la plus amere, & la plus fascheuse iusques à la plus douce, & la plus agreable, comme l'õ remarque les differens degrez des systemes de la Musique, l'on trouueroit, peut-estre, qu'elles ont des effects aussi grands sur l'esprit que les sons, & les couleurs, & consequemment on pourroit establir des raisons, & des proportions harmoniques entre les saueurs, & les odeurs, cõme l'on fait entre les sons.

En effet les differentes odeurs apportent de grands changemens aux esprits, comme l'on experimente dans les Eglises, dont les suffumigations, & les encensemẽs excitent à la deuotion: & dans les Hospitaux, dans les prisons, & dans les autres lieux renfermez, qui rendent les esprits lents, tristes, & hebetez, & qui font mal au cœur: & lors que l'õ est au milieu d'vn parterre plein d'œillets, de mariolaine, de iasmin, de giroflées, & de roses, la vapeur, & les douces fumées de ces fleurs qui embaument l'air, charment l'esprit de leur douceur, & l'enchantent aussi doucement que les concerts les plus rauissants: de sorte que les odeurs, aussi bien que les saueurs, & les couleurs, peuuent disputer, & débatre de la préeminence, & de la puissance qu'elles ont sur l'esprit de l'homme contre les sons; bien qu'ils soient beaucoup plus excellents, si l'on considere le discours, ausquels ils seruent de matiere, mais nous parlons icy des sons, & non de la parolle.

Il faut neantmoins conclurre que les sons, & les chants sont plus propres que les obiects des autres sens pour exciter les passions, dont Felix Accarombon rapporte la cause aux differents mouuemens, c'est à dire aux mesures lõgues, & briefues des chansons, à raison que le mélange des temps imite les actions qui produisent les passions. Mais la seule melodie a de la force sur les passions, encore que les differentes notes ne changent point de mesure, comme l'on experimēte à l'interualle de la Sexte, & de la Tierce mineure, qui excitent la tristesse, & à tous les chants qui finissent par les demitōs, ou par les dieses: quoy qu'il soit certain que les differentes mesures adioustent vne grande force à la melodie, cōme nous auons dit ailleurs, & que la rythmique aye toute seule beaucoup de puissance sur l'esprit sans la melodie, comme l'on remarque aux battemens du tambour, & dans plusieurs autres mouuemens.

Or la raison de cette puissance que les sons impriment sur l'esprit, doit estre prise des differens mouuemens, dont ils frappent le tympan, ou la membrane de l'oreille, & consequemment les esprits de l'oüye : par exemple, lors que l'on chante par l'interualle de la Sexte mineure en montant pour exciter la tristesse, les esprits sont premierement frappez 5. fois par le son graue, & puis 8. fois dans vn temps égal par le son aigu, c'est pourquoy il faudroit considerer pourquoy 8. coups, ou le battemẽt, dont la force est comme 8, a la puissance d'exciter la tristesse, lors qu'il suit immediatement apres le battement, dont la force est comme 5: ce que l'on peut semblablement considerer dans les autres interualles.

Quelques-vns s'imaginent que les Anciẽs ont sçeu quelles chordes il falloit toucher les vnes apres les autres pour exciter toutes sortes de passions, & qu'ils auoient estably des loix pour ce suiet, parce qu'ils lisent dans Platon, & dans Aristote qu'ils auoient vne maniere de Musique pour exciter la cholere, & vn autre pour l'appaiser : & que Timothée mettoit Alexandre le Grãd en cholere quand il chantoit, ou qu'il touchoit la Harpe, ou d'autres instrumens : mais nous ne voyons nul vestige dans ces Philosophes qui puisse tāt soit peu persuader qu'ils ayent connu les passions, & leurs mouuemens iusques à vn tel point, qu'ils ayent peu establir des sons, ou des chants pour émouuoir, & pour appaiser chaque passion.

En effect, s'il y eust eu des genres, des especes, ou des modes de Musique du temps de Platon, ou d'Aristote, dont les effects eussent esté si signalez, & qui eussent eu vn tel ascendant sur les passions, & sur l'esprit des auditeurs, ils eussent beaucoup mieux fait d'enseigner cét art aux hommes, que la Morale, & la Politique, dont ils ont traité, car il n'y a point de Rethorique assez puissante pour faire quitter l'enuie, la cholere, l'amour, & les autres passions, lors qu'elles sont enracinées dans l'esprit ; & les Anciens confessent eux-mesmes qu'ils n'ont point trouué de remedes pour appaiser les grandes tristesses : & s'ils eussent eu des sons, & des chants pour ce sujet, ils n'eussent eu nul besoin de la fiction de leur Nepenthe, & de leurs boissons imaginaires, pour appaiser les douleurs, & pour calmer les passions. Mais i'ay parlé plus amplement de cecy dans vn autre lieu, où i'ay monstré que nul des Anciens n'a mieux entendu la Musique que nous, afin que l'on ne soit pas tellement préocupé de leurs écrits, & de leurs histoires, que l'ó suiue plustost leur imagination, & leurs fautes, que l'experience, & la raison. Car ie ne doute nullement que la Musique ne soit maintenant dans vne aussi grande perfectiō que celle des Grecs, soit que l'on considere l'harmonie de plusieurs parties, ou la melodie, & la conduite d'vne seule voix, ou la grandeur, la bonté, la beauté, & la multitude des instrumens; si ce n'est, que l'on die qu'ils auoient des voix plus nettes, plus fortes, & meilleures que nous: ce qu'il faudroit prouuer auant que de le croire.

QVESTION XI.

A sçauoir comme il faut composer les chansons, pour estre les plus excellentes de toutes celles qui se peuuent imaginer.

PVis que la perfection de chaque chose consiste en son essence, en ses proprietez, & en ses accidens, & que son excellence doit estre mesurée selon ses principes, ou suiuant la fin, à laquelle elle est destinée, ie dis que la chanson qui aura tout ce qui est requis à sa perfectiõ, & qui sera la mieux proportionnée à sa fin sera la plus excellente de toutes.

Or elle aura toutes ses parties, lors qu'elle répondra parfaitement à la lettre & au suiet que l'on prẽd; & ne pourra iamais estre plus excellẽte que quãd elle aura le suiet le plus excellent de tous, qui consiste à décrire les grãdeurs & les loüanges de Dieu, & l'amour & l'ardeur dont nous deuõs l'adorer eternellement.

D'où il est aysé de conclurre, que toutes les chãsons de Cour, qui n'ont point d'autre suiet que les profanes, & qui ne contiennent autre chose que les loüanges des hommes, qui ne subsistent le plus souuent que dans les flatteries, & qui n'ont point d'autre soustien que la vanité & le mẽsonge, ne peuuent estre parfaites, puis que la verité leur mãque sans laquelle il n'y a nulle perfection, & qu'elles sont priuées du suiet qui requit les Anges & qui seruira d'vn entretien eternel à tous les predestinez, & les bien-heureux. Quant aux autres conditions necessaires pour faire des chãts & des airs rauissans, i'en parleray dans vn liure particulier, car ie veux finir cet essay-cy par ces vers qui sõt propres pour chanter les loüanges de Dieu.

Triste ennemy des belles choses
Hyuer couronné de glaçons,
Esté qui meurit les moissons,
Printemps qui fait fleurir les roses,
Gresles, neiges, broüillards épais.
Loüés le Seigneur à iamais
Celebrez son nom adorable,
Tout ce qu'il produit est parfait
Et cét vniuers admirable,
De son diuin pouuoir n'est qu'vn petit effait.

Theatre fameux des naufrages,
Mer dont les flots impetueux
Viennent d'vn pas respectueux
Baiser le sablon des riuages,
Creux & vaste empire du vent,
Dont le calme est si deceuant,
Molle ceinture de la terre,
Lieu de tant peuples diuers
Champ de la paix & de la guerre,
Benissez à iamais l'Autheur de l'vniuers.

FIN.

CPSIA information can be obtained at www.ICGtesting.com
Printed in the USA
BVOW04s1005070415

395057BV00022B/215/P